甘肃省博物馆卷

《中国少数民族文物图典》

编委会

《中国少数民族文物图典·甘肃省博物馆卷》

编委会

国家出版基金项目
NATIONAL PUBLICATION FOUNDATION
"十二五"国家重点图书出版规划项目

中国少数民族文物图典

甘肃省博物馆卷

甘肃省博物馆 编

辽宁民族出版社

图书在版编目（CIP）数据

中国少数民族文物图典. 甘肃省博物馆卷 / 甘肃省博物馆编. —沈阳：辽宁民族出版社，2016.5

ISBN 978-7-5497-1328-8

Ⅰ. ①中… Ⅱ. ①甘… Ⅲ. ①少数民族 — 历史文物 — 中国 — 图集 ②少数民族 — 历史文物 — 甘肃省 — 图集 Ⅳ. ①K876.02

中国版本图书馆CIP数据核字（2016）第115366号

中国少数民族文物图典 · 甘肃省博物馆卷

ZHONGGUO SHAOSHU MINZU WENWU TUDIAN. GANSUSHENG BOWUGUANJUAN

出版发行者：辽宁民族出版社
地　　址：沈阳市和平区十一纬路25号　邮编：110003
印 刷 者：辽宁新华印务有限公司
幅面尺寸：210mm×285mm
印　　张：19
字　　数：100千字
印　　数：1-1000
出版时间：2016年5月第1版
印刷时间：2016年5月第1次印刷
责任编辑：李凤山　金顺玉
封面设计：杜　江
责任校对：杨　顺

标准书号：ISBN 978-7-5497-1328-8
定　　价：300.00元

法律顾问：陈　光　　举报电话：024-23284336

邮购电话：024-23284335
如有印装质量问题，请与出版社联系调换　联系电话：024-23284340
网　　址：www.lnmzcbs.com　淘宝网店：lnmz2013.taobao.com

甘肃省博物馆卷

总序

民族文物是各民族历史和文明的载体，是伴随着各民族形成和发展的历史过程留存的民族文化遗产，是探索和研究人类社会发展的重要资料，也是进行民族优秀传统教育、爱国主义教育、民族团结教育的珍贵教材。

民族文物有广义和狭义之分。从广义而言，从民族产生以来人类留下的有历史、艺术和科学价值的遗物、遗迹等实物资料皆为民族文物，其中包括考古发掘品、传世文物和近现代民族文物。从狭义而言，民族文物则主要指近现代各民族所使用的具有民族特点的实物资料，包括各民族的传统生产生活用品、服饰佩饰、宗教用品、工艺美术品等。

从历史的纵向来看，民族文物可分为古代民族文物和近现代民族文物两部分。古代民族文物是指我国古代各民族人民创造的物质文化和精神文化的历史遗物、遗迹等实物资料。近现代民族文物是指近代以来，各民族在社会生产活动中遗留下来的具有民族特色和历史、艺术、科学价值的遗迹和遗物。

从历史的横向分析，民族文物可分为可移动民族文物和不可移动民族文物。可移动的民族文物是指各民族创造的具有本民族风格和特点的，反映其社会制度、社会生产、社会生活的各种器物，如生产工具、生活用品、工艺美术品、服饰佩饰等。不可移动的民族文物是指不可或不宜整体移动，特别是无法与其周围环境一块儿移动的民族文物。不可移动的民族文物主要有具有民族历史、民族风格和民族文化特色的各类遗址和建筑物，如城址、寺庙、石刻、楼阁、亭桥、作坊、民居、村舍、娱乐场所等。

就存在的形式而言，民族文物又包括有形民族文物和无形民族文物两种。有形民族文物以物化的形式存在，简单而言就是指各民族的物质文化，即各民族创造的具有民族特色和历史、艺术、科学价值的实物。目前，在全国各地的民族博物馆里收藏和展出的民族文物大多数是有形民族文物。无形民族文物主要是指各民族的传统习俗活动，它基本属于精神文化范畴。虽然有些无形民族文物可以通过物化的形式表现出来，但是这种表现形式是不全面的。无形民族文物有许多自己的表现形式，如富有民族特色的音乐、舞蹈、口头文学、传统体育、婚恋习俗、礼仪庆典、民族工艺、生产技能、语言文字、图画符号等。此外，民族文物还有着民族性、地域性、物质性、精神性、不可再生和不可替代性、价格的客观性、民族文物作用的永续性等基本特点。

民族文物是各民族的宝贵文化遗产，是中华民族文化的重要组成部分。我国民族文物的征集和保护工作始于20世纪二三十年代，当时正值中国民族学学科的创立时期，一批学者深入到民族地区进行田野调查，开始了民族文物的征集工作。新中国成立以来，在各级党委和政府的重视下，经过几代文物、民族、博物馆等工作者的共同努力，许多珍贵的民族文物得到了初步抢救征集和收藏保护。

党的十一届三中全会以后，民族文物工作逐步走上了正确的轨道。1984年，国家民委和文化部文物局联合召开了全国少数民族文物工作会议，与会代表向全国发出了关于抓紧抢救和保护民族文物的呼吁书。此后，各级党委、政府加强了领导，积极关心和支持民族文物工作。有条件的地方已修建了民族博物馆，对本地区民族文物开展了一系列的普查、保护和征集工作，一大批珍贵的民族文物得到了及时抢救，馆藏民族文物数量迅速增加。如：海南民族博物馆征集收藏民族文物近3万件（套）；云南民族博物馆现有云南26个民族的各类文物4万余件（套）；广西民族博物馆征集收藏广西各民族文物3万余件（套）；贵州民族博物馆征集收藏贵州各民族文物1万余件（套）。另外，成立于1959年的民族文化宫博物馆，收藏了近5万件（套）各民族文物精品。1998年，国家民委和国家文物局又联合在广西召开了“全国少数民族文物工作会议”。会议总结了改革开放以来民族文物工作取得的成就，对民族文物的进一步抢救征集、收藏保护工作提出了很好的意见，使民族文物工作进入了一个崭新的历史阶段。

作为民族文物收藏保管、展览宣传和研究利用的场所，民族博物馆越来越受到国家和地方各级政府的重视。近年来，民族博物馆在数量和规模方面都有了显著增长，我国已有民族博物馆近400座。目前，我国20余个少数民族已经拥有自己的博物馆；少数民族聚居的西部12个省区，拥有500余座博物馆；30个民族自治州，120个自治县大部分都建有民族博物馆。近年来，又出现了一批独具特色的市县级民族博物馆。此外，许多民族乡镇也建立了文物陈列室。据不完全统计，当前我国各级各类民族博物馆馆藏民族文物近50万件（套），数量可观。

为了总结、宣传和展示民族文物收藏、保护工作成就，弘扬各民族优秀文化，促进民族文物博物馆界的交流与合作，中国博物馆协会民族博物馆专业委员会和辽宁民族出版社合作，共同推出《中国少数民族文物图典》系列丛书。此套丛书已列入“十二五”国家重点图书出版规划项目，获国家出版基金资助。

随着改革开放的深入和现代化进程的加快，科技与经济进步所带来的人们的观念、生活方式等的深刻变化，民族文物既面临得到收藏、保护、研究、展示和合理利用的良好机遇，也面临有史以来最强劲冲击的挑战，许多具有历史、科学和艺术价值的近现代少数民族建筑得到国家和社会的保护，也有不少濒临毁灭。许多数年前、数十年前一些民族使用的生产工具、生活用品正在迅速消失而未能及时征集保存；许多具有艺术价值和鲜明民族特色的工艺品大量流失。这些新情况、新问题，对新时期民族文物工作提出了新挑战。

新时期，党和政府确立了推动文化大发展大繁荣的方针，强调要加强对各民族文化的挖掘和保护，重视对文物和非物质文化遗产的保护工作，这为民族博物馆事业迎来了前所未有的历史发展机遇。尽快规范民族文物管理，提高民族博物馆收藏保护民族文物的质量和研究利用好民族文物，成为当前快速发展的民族博物馆事业的首要工作任务。

党中央、国务院高度重视民族文物和民族文化保护工作。2009年6月，国务院召开了全国少数民族文化工作会议。2009年7月5日，颁布了《国务院关于进一步繁荣发展少数民族文化事业的若干意见》，2014年12月，党中央、国务院印发了《关于加强和改进新形势下民族工作的意见》，指出“加大少数民族优秀文化遗产保护力度，实施重点文物保护工程”等，为民族文物、民族文化工作的继往开来指明了方向，也对加强少数民族文物和民族文化工作提出了明确的要求。我们要认真贯彻落实《意见》精神，使民族文物在推进现代化建设和实现中华民族伟大复兴的中国梦进程中发挥更大的作用。

是为序。

中国博物馆协会民族博物馆专业委员会

2014年12月于北京

前言

甘肃地处我国西北地区的中心，母亲河——黄河穿省而过，青藏高原、阿拉善高原、黄土高原三大高原在此交会。省内山地起伏，岭塬绵延，河流广布，深谷纵横，自远古时期起就有人类在此繁衍生息，是中华民族文明的重要发祥地、古“丝绸之路”的咽喉要冲，是古代西域通往中原的门户，也是中西文化、艺术、经济的中继站。由于其所处独特的地理位置，文化积淀极为丰厚，地面、地下文物蕴藏丰富，是名副其实的文物大省。

坐落于黄河之畔的甘肃省博物馆，有着丰富多彩、特色鲜明的文物藏品，是国内著名的省级博物馆和国家一级博物馆。甘肃省博物馆的前身是创建于1939年的甘肃科学教育馆。新中国成立后，该馆更名为“西北人民科学馆”。1956年，按历史、自然、社会主义建设三大部分为主体的地志馆模式，正式建立甘肃省博物馆。现藏各类文物共约9万件，其中历史文物6万余件。文物来源一部分由原甘肃省政府文物管理委员会移交，一部分系建馆以来历年的社会征集和接收的民间捐赠，而大部分则出自新中国成立后的历次重要考古发掘。堪称精品的历史文物在3000件以上，内含国宝级文物16件（组），国家一级文物680余件（组）。

在多方努力下，《中国少数民族文物图典·甘肃省博物馆卷》终于成书出版。书中共收录甘肃省博物馆馆藏陶瓷、青铜、木器、石刻造像、简牍、丝织品等各种质地的文物珍品300余件。从一个侧面反映了甘肃在历史上的辉煌，也是甘肃经济文化发展、各民族交流融合的历史见证。它们都是甘肃古代文明的物质载体，蕴含着丰富的社会信息，或直接而局部地反映了古代甘肃的历史演变与人文面貌，内秉特异的气质、外显亮丽的风采，具有历史的和艺术的多重价值，既是学术研究的原始资料，又是可供观赏的稀世珍宝。我们在欣赏精美文物的同时，赞赏着古人的勤劳、艰辛，惊叹于他们的奇思妙想、独具匠心，从中感悟到他们在创作时的从容与淡定。他们是在用自己的双手，创造着自己多彩的生活和梦想的家园，正是这种朴实的精神，成就了今天我们所见到的流光溢彩的文物和博大精深的文化。

甘肃省文化厅副厅长
甘肃省博物馆馆长 俄军

2016年5月

目录

陶瓷器

甘肃彩陶以精美绚丽而著称于世，在世界彩陶文化中占有无与伦比的地位。从甘肃省秦安县发现距今8000年的大地湾文化开始，历经了仰韶文化、马家窑文化、齐家文化，一直到辛店文化、四坝文化、沙井文化，延续了5000多年，构成了一部辉煌灿烂的彩陶发展史，其中马家窑文化更是达到了彩陶艺术的顶峰。

甘肃出土的彩绘和三彩陶俑等，种类多，造型丰富，塑造精美，全面地反映了当时多姿多彩的社会生活和雕塑艺术水平。

瓷器的出土以耀州窑、塔儿湾窑、龙泉窑和景德镇窑等窑口的产品为主，器物特色鲜明，美轮美奂。

陶瓷器

宽带纹三足圜底彩陶钵

大地湾文化一期（距今约8170—7370年前） 高12厘米 口径27.3厘米

甘肃省秦安县大地湾出土。
三足圜底彩陶钵是大地湾文化的典型陶器，兼有食器和炊器的功能。该器下承三乳足，极其稳重。由钵腹至底部满施交叉绳纹。口沿外的周圈抹光，上面绘红色宽带纹，彩绘附着不很紧密，易剥落。大地湾文化的彩陶，是中国迄今所知最早的彩陶，是中国以彩陶为特征的黄河文明的曙光，也是世界最早出现彩陶的古文化之一。

绳纹圈足红陶碗

大地湾文化一期 高7.5厘米 口径17.6厘米 底径7.8厘米

甘肃省秦安县大地湾出土。
敞口、弧壁、圈足。夹细砂红陶，口沿及外壁遍饰绳纹。其造型规整，年代久远，可谓圈足碗的鼻祖。

三角纹圜底彩陶钵

仰韶文化半坡类型（距今约6000年前）
高12厘米
口径20厘米

甘肃省秦安县王家阴洼出土。
广口、口微敛、弧壁、圜底。橙黄色陶，用褐彩绘多组三角纹。

彩陶钵

仰韶文化半坡类型　高7.6厘米　口径20厘米

甘肃省秦安县王家阴洼出土。
广口、微敛、弧壁、圜底。泥质红陶，外口沿绘黑色宽带纹，上刻“↓”。

陶瓷器

宽带纹刻“+”符彩陶钵

仰韶文化半坡类型（距今约6000年前） 高8.6厘米 口径21.4厘米

甘肃省秦安县大地湾出土。
口微敛、圜底。细泥红陶，施红色陶衣，口沿外绘一圈黑色宽带，上阴刻一“+”字符号。在半坡类型黑色宽带纹陶钵上，已发现了类似这种阴刻的符号数十余种，计有“个”“+”“–”“⊥”等等。这些刻符大多属于指事系统，是汉字的前身，对研究中国古文字的发展源流有着重要意义。

猪面纹细颈彩陶壶

仰韶文化半坡类型　高20.6厘米　底径6.8厘米

甘肃省秦安县王家阴洼出土。
泥质浅橙红陶，器表打磨光滑，造型匀称，通体呈葫芦形。小圆口、束颈、折腹、平底，施深褐色彩。壶口一周绘四组由两个三角形组成的菱形花纹，上腹部绘一圈二方连续的猪面纹。互连的猪面巧妙地运用双关装饰技巧，三个猪面仅绘三只眼睛，每两个猪面共用一只。眼珠上翻，并以夸张手法绘出猪的横鼻。生动逼真，耐人寻味，显示出高度的图案化艺术水平，为半坡类型彩陶装饰中的精品。

鱼纹彩陶盆

仰韶文化半坡类型　高15厘米　口径50厘米

甘肃省秦安县王家阴洼出土。
广口、卷唇、弧壁、圜底。泥质红陶，上腹部用黑彩绘两组变体鱼纹。半坡类型早期的鱼纹比较写实，刻画形象较为具体，使彩陶鱼纹图案增强了装饰性。

陶瓷器

折线纹葫芦瓶

仰韶文化半坡类型　高6.8厘米
口径0.6厘米　底径2.2厘米

甘肃省秦安县王家阴洼出土。
瓶葫芦形，口甚小、宽弧沿、束颈、折腹、小平底。泥质橙黄陶，褐色彩。口部绘“个”纹一周四个，上腹部绘折线、弧线等几何纹。

对三角纹彩陶盆

仰韶文化半坡类型　高8.4厘米
口径17.8厘米

甘肃省秦安县王家阴洼出土。
口沿外翻、折腹、圜底。细泥红陶，黑褐彩，口沿一周饰条带纹，上腹部饰对三角纹间弦纹。

人头形器口彩陶瓶

仰韶文化庙底沟类型（距今约5500年前）
高31.8厘米

甘肃省秦安县大地湾出土。
瓶的器口为圆雕人头像，披发，眼、嘴和鼻孔都镂空。双耳各有一小穿孔，是用来系挂装饰品的。顶部有一圆孔，孔径4.5厘米。该瓶人头像五官端正，位置安排得均匀恰当，并能准确把握体面的转折关系。通体橙红色陶衣上，黑彩绘以三层连续的弧边三角与斜线纹，似一位亭亭玉立的少女着一件花色衣裙，令现代人对远古产生丰富的想象。
这件人头形器口彩陶瓶，可能不是日常实用器皿，极有可能是原始宗教崇拜的物品。堪称原始社会雕塑艺术的精品。

陶瓷器

三角花叶纹彩陶盆

仰韶文化庙底沟类型　高16.4厘米　口径39厘米　底径13.2厘米

甘肃省秦安县大地湾出土。
器上施橙黄色陶衣，腹部以黑色彩绘两两相对的弧边三角形纹饰一周六组。器物表面光滑，纹饰颜色亮丽，线条柔美，具有很高的绘图技艺。

折沿红陶盆

仰韶文化庙底沟类型　高18厘米
口径24.5厘米　底径9.5厘米

采集于甘肃省永靖县。
大口、折沿、鼓腹，腹下内收，平底。

绳纹红陶尖底瓶

仰韶文化庙底沟类型　高45.5厘米
腹径15.5厘米

1958年甘肃省静宁县中庄出土。
重唇口、细颈、深腹、尖底。器身满布绳纹，肩部有弦纹。

陶瓷器

红陶人面像

仰韶文化石岭下类型（距今约5200年前） 残高15.3厘米 宽14.6厘米

甘肃省天水市柴家坪出土。
人像高颧阔面，眉微隆起，嘴、眼镂空成横条状，鼻呈三角形，两耳垂各有一穿孔。人面像的嘴、眼镂空深邃，五官刻画得准确、立体感突出，脸型具有蒙古人种的特点。为原始雕塑的精品。

鲵鱼纹彩陶瓶

仰韶文化石岭下类型　高38.4厘米　底径12厘米

甘肃省甘谷县西坪出土。
细泥陶，外表呈橘红色。小圆口、圆唇、口沿略外撇；细颈，颈的中部有一道索状凸棱；溜肩，颈肩之间没有明显分界线；筒形腹，腹上部有一对竖桥形耳；平底。在腹的一面，以黑彩绘动物图案。身体弯曲呈三角形，面部似人，眼大而圆，有黑彩点睛；大嘴，嘴里有牙，嘴下有胡须状物；身躯长而丰满，两个前肢向外伸开；尾巴宽大，高高扬起，末端压在头的下面。颈部绘四条波浪形纹饰，躯内绘网格纹。其整体造型为鲵鱼形象，头部为人面形象。画面构图简洁、古朴，线条粗犷。鲵纹及其变体花纹是甘肃地区仰韶文化晚期彩陶上特有的花纹，这种被人格化的图案，也被有的学者认为是华夏文明始祖伏羲氏的雏形。该件鲵鱼纹彩陶瓶，被国家文物专家鉴定组确认为国宝级文物。

陶瓷器

波折纹彩陶壶

马家窑文化马家窑类型（距今约4800年前）
高26.4厘米　口径10.7厘米　底径7.9厘米

1974年于甘肃省舟曲县丰达乡出土。
侈口、长颈、折肩、平底，双耳上饰附加堆纹。颈部绘平行条纹，肩部绘羽状纹。腹部绘上下两组波折纹，黑彩。

“X”纹彩陶壶

马家窑文化马家窑类型　高26.2厘米　口径9厘米
底径11.4厘米

小口、圆唇、长颈、斜肩、鼓腹下收、双腹耳、平底。泥质红陶，施黑彩，颈部绘宽带纹，肩腹部绘弦纹，中间满绘“X”纹。

网纹旋纹彩陶壶

马家窑文化马家窑类型　高43.7厘米　口径11.5厘米　底径15.7厘米

1973年于甘肃省兰州市西果园牟家坪出土。小口微侈、直颈、圆肩、圆腹、下腹内收、平底、腹双耳。施黑彩，颈部有大锯齿纹一周，肩部为四圆圈网纹，间饰波折纹，下腹部绘连续旋纹一周，下饰弦纹一周。

锥刺带纹单耳红陶罐

马家窑文化马家窑类型　高16.3厘米　口径6.6厘米　底径11.5厘米

1974年于甘肃省迭部县出土。侈口、束颈、带形腹、平底、口肩耳。口部与耳背上压印齿纹，颈肩部有锥刺纹两圈。

陶瓷器

旋纹彩陶尖底瓶

马家窑文化马家窑类型　高26.8厘米　口径7.1厘米

甘肃省陇西县吕家坪出土。

细泥红陶。口部外侈、平沿、长颈、斜折肩、腹斜收如锥状，腹中部饰双耳。绘黑彩。该器画面以纵向的中心圆作为定位点，将各点以优美的弧线连接而成主要的结构线，然后设辅助定位点，再用弧线连成辅助结构线，依主次结构线构成复杂而多元的图案。图案繁而不乱，有条不紊，无论从什么角度观看，都可欣赏到一个完整的花纹图案。更为可贵的是，将这种四方连续的旋纹，饰于作为水器的尖底瓶上，圆圈圆点宛如急流，弧线犹如奔腾的波浪，分散在其间的小圆圈犹如溅起的水花，整个画面具有迸发的气势，充满了动感与生命力。该器不愧为马家窑彩陶宝库中的一件经典之作，为原始的艺术极品。

内彩旋纹彩陶豆

马家窑文化马家窑类型　高16.4厘米　口径24厘米　底径15厘米

甘肃省兰州市小坪子出土。
泥质橙红陶。侈口微敛，弧腹内收，下承一喇叭形圈足，足边为连弧形，腹中部饰对称圆形双耳。通体施黑彩。豆内旋纹，外腹为弦纹夹波带及水波纹，足上为弦纹两周。该器器形新颖，类似此种的盆形豆是马家窑文化新出现的器形。

陶瓷器

束腰网纹彩陶罐

马家窑文化马家窑类型　高18.3厘米
口径15.2厘米　底径7.5厘米

甘肃省永登县杜家台出土。
橙黄陶。该器为马家窑类型的两个典型器物结合而成。以束腰处为分割，上部为盆，其下为罐，盆两侧有一对小鋬，罐下腹有双横耳。绘黑白两彩，为平行线纹、网纹和圆点纹。有着奇特的富有创意的造型，又以罕见的黑白二色并置彩绘，使这件束腰形彩陶罐倍加珍贵。

彩陶鼓

马家窑文化马家窑类型　通长37厘米
口径22厘米

此器个体修长，大头部分略呈半球形，口微敛，外沿有爪状泥凸6个。小头呈折腹罐状，口唇略外翻。三部分以泥条盘筑法结合形成，器表以及口沿内部施以黑色宽条纹、斜旋纹和锯齿纹，黑白分明，对比强烈，给人以庄重而明快的感觉。

对鸟纹彩陶壶

马家窑文化马家窑类型
高8.4厘米　口径3.8厘米
底径3.8厘米

甘肃省天水市杨家坪出土。敞口、外翻、平底，腹两侧对称有双横耳。通体施黑彩，壶颈部饰平行条纹，腹部绘两组展翅相对的变形鸟纹，栩栩如生，灵动感实足。其下为垂弧纹一周。

陶瓷器

旋纹彩陶瓶

马家窑文化马家窑类型
高25.4厘米　口径7.2厘米
底径7.2厘米

甘肃省兰州市杏核台出土。侈口、平沿、长颈、斜肩、腹部向下内收。泥质红陶。通体施黑彩，颈部绘弦纹、圆点纹，瓶身绘前后对称的大漩涡纹，表现了河水涡深流急、波涛汹涌。漩涡纹呈现出一派浪花翻卷、变幻无穷的气势。

弧线网纹彩陶瓶

马家窑文化马家窑类型
高20.8厘米　口径5.7厘米

甘肃省榆中县马家坬出土。侈口、平沿、长颈、斜肩、腹部向下内收。唇口饰有四黑点，颈部绘平行条纹，肩为网纹与X纹各一组，腹部中间以下为平行线纹圆点纹。

陶瓷器

大锯齿纹彩陶瓶

马家窑文化马家窑类型　高29厘米　口径8厘米
底径8厘米

甘肃省通渭县碧玉出土。
侈口、平沿、长颈微束、斜肩、腹部向下斜收、平底。橙黄陶，黑彩绘弧线纹与大锯齿纹。纹饰整体线条流畅，动感十足。

旋纹圈足三联杯

马家窑文化马家窑类型　高12.2厘米
口径7.6厘米　底径9.7厘米

甘肃省舟曲县丰达出土。
橙黄陶，高圈足。杯身施黑彩，绘二方连续旋纹，每杯绘一漩涡，造型奇特，独具匠心。

陶瓷器

网纹鸟纹彩陶罐

马家窑文化马家窑类型　高10厘米
口径13厘米　底径6厘米

甘肃省榆中县马家坬出土。
罐为平沿、短颈、斜肩、圆折肩、平底。黑白彩绘，唇口绘斜线纹，颈部绘黑白相间平行条纹，肩部绘网纹、鸟纹弦线三角纹，下腹部绘黑白平行条纹。

叶形纹彩陶铃

马家窑文化马家窑类型
高9.2厘米　腹径6.8厘米
底径3厘米

甘肃省广河县祁家集出土。铃呈葫芦形，曲柄、鼓腹、平底。施黑彩，绘菱形网格纹和弧线纹。

陶瓷器

灰陶铃

马家窑文化马家窑类型　高6厘米　底径8.8厘米

甘肃省东乡林家遗址出土。
泥质灰陶。半球形，平底，底两端略上翘。中空，腹内有响子，摇动有声。背部饰有泥条加印的附加堆纹，近底部有对称的四孔。

人面彩陶片

马家窑文化马家窑类型　残长6厘米　宽3厘米

甘肃省东乡林家遗址出土。
长条形，残留人物的面、颈部。人物双眼为刻划的两个深槽，鼻、口部略残，双眉用黑彩绘出，颈部亦绘一黑色横线。面颊上，在双眼及下颌间各绘有两条粗重的竖线。

陶瓷器

旋纹带流彩陶罐

马家窑文化半山类型（距今4500年前） 高33厘米 口径9厘米
底径15厘米

甘肃省兰州市关庙坪出土。
橙黄陶。敛口、丰肩、鼓腹、平底。口沿四侧分置三个乳鋬和一长颈圆唇管状流，腹中部两侧分置双耳。施红黑彩，绘旋纹以及红黑相间带纹。半山类型的彩陶纹样中，旋纹的数量最多，常饰于较大器物的上腹，以圆圈为旋心，并由曲线连接旋心构成多方连续旋纹，有的还顺着旋纹并置多组旋线，增强了旋动的感觉，表现出河水波澜壮阔的气势。

贝形纹彩陶罐

马家窑文化半山类型　高34.5厘米　口径8.8厘米
底径13.5厘米

甘肃省兰州市小坪子出土。
橙黄陶。侈口、斜肩、鼓腹，腹下内收为平底，腹中部置双耳。施黑彩，口沿内为一圈锯齿纹和弧线纹；肩、腹部绘贝形纹两层，其下为连弧纹。海贝，作为东部沿海地区的物品，其形象出现于远离海域数千里黄河上游半山类型的彩陶上，这一现象绝不是偶然的，说明当时较大空间内文化接触、物品交换已开始发生。

陶瓷器

漩涡纹彩陶罐

马家窑文化半山类型　高22.5厘米　口径14.1厘米
底径10.6厘米

甘肃省兰州市花寨子出土。
罐身施红、黑彩，口沿内彩，有横竖平行条纹相间排列，腹部绘红、黑彩多条相间旋纹五组。黑红线条间置组成的旋纹是半山类型彩陶的主要纹样。

双耳彩陶壶

马家窑文化半山类型　高30.7厘米　口径11厘米
底径11.5厘米

甘肃省永靖县陈井乡大岭生产队征集。
红黑彩三角形锯齿纹五组。侈口、直颈、圆肩鼓腹、下腹内收、平底、双腹耳，外口沿有双乳耳。

陶瓷器

单耳小口彩陶壶

马家窑文化半山类型　高19.3厘米
口径10厘米　底径9.2厘米

甘肃省兰州市沙井驿焦家庄征集。侈口、束颈、斜溜肩、鼓腹、平底、单耳残。周身施六个橄榄形纹，内填方格纹，腹向下垂。

四大圈网格纹彩陶壶

马家窑文化半山类型　高27.7厘米
口径10厘米　底径10厘米

口沿外翻、直颈、圆肩、鼓腹、平底、双腹耳。施红黑彩，口沿内彩绘锯齿纹、连弧纹各一周，颈部绘两周大锯齿纹；肩、腹部为四个旋纹，圆圈内填方块网格纹，腹下垂弧纹一周。

单耳小口彩陶壶

马家窑文化半山类型　高20.3厘米
口径6.9厘米　底径8厘米

甘肃省兰州市十里店北山出土。
小口、直颈、圆肩、鼓腹、平底、单颈肩耳。肩腹施斜条带纹，间以红彩和锯齿，颈部为两层锯齿纹。

单耳彩陶罐

马家窑文化半山类型　高10.7厘米
口径8.8厘米　底径6厘米

甘肃省兰州市花寨子出土。
侈口、束颈、斜肩鼓腹、平底、单口肩耳。红黑彩，口内彩，腹部网纹与锯齿纹相间共三组。

陶瓷器

双耳彩陶壶

马家窑文化半山类型
高15.1厘米　口径7.3厘米
底径6.3厘米

甘肃省兰州市花寨子出土。小口微侈、长颈、斜肩、鼓腹、平底、双腹耳。红黑彩，口沿外有鸡冠形小耳一对，颈部网纹，腹部网纹与锯齿纹共六组，每侧三组。

涡纹锯齿纹单耳彩陶罐

马家窑文化半山类型　高10.7厘米
口径6.6厘米　底径6.5厘米

甘肃省兰州市花寨子出土。侈口、束颈、斜肩、鼓腹、单肩耳。红黑彩，口沿内彩，绘连弧纹与M纹相间四组，耳部平行横纹，腹部绘齿状旋纹三组。

单耳彩陶罐

马家窑文化半山类型　高13.9厘米
口径11.8厘米　底径7.5厘米

甘肃省兰州市花寨子出土。
侈口、短颈、溜肩、鼓腹、平底、单肩耳。红黑彩，口内彩波浪纹，腹部网纹与锯齿纹相间共五组。

双耳彩陶壶

马家窑文化半山类型　高17.5厘米
口径7.3厘米　底径7.8厘米

甘肃省兰州市花寨子出土。
小口微侈、长颈、斜肩、鼓腹、平底、双腹耳，口沿有双附耳。外饰红陶衣，红黑彩，颈部上方网纹，下方大锯齿纹，腹部锯齿纹与网纹相接六组，每侧三组。

陶瓷器

双耳彩陶壶

马家窑文化半山类型　高19.3厘米
口径8.1厘米　底径9.2厘米

甘肃省兰州市花寨子出土。
小口圆唇、长颈、圆肩鼓腹、平底、双腹耳。黑彩，颈部大锯齿纹，腹部上方有平行条纹及锯齿纹各四组。下方有平行条纹及波浪纹各数周。

单耳彩陶罐

马家窑文化半山类型　高5.6厘米
口径4.6厘米　底径3.5厘米

甘肃省兰州市花寨子出土。
侈口、束颈、斜肩、鼓腹、平底、单口肩耳。红黑彩，口部内外彩，腹部三个大圆圈网纹与锯齿纹相间。

圆圈网纹、旋纹彩陶壶

马家窑文化半山类型　高33.4厘米
口径10.6厘米　底径13.7厘米

甘肃省兰州市花寨子出土。
直颈、圆肩、鼓腹下收、平底。口沿外有双附耳，腹有双耳。施红黑彩，颈部绘齿纹、平行线纹。肩腹绘四圆圈网纹间水波纹和漩涡纹。

弧线锯齿纹彩陶壶

马家窑文化半山类型　高22厘米
口径10.5厘米　底径8.3厘米

甘肃省兰州市沙井驿焦家庄出土。
侈口、直颈、圆肩、鼓腹、下腹内收、平底、高低耳。施红黑彩，口内绘锯齿纹和垂弧纹，颈部绘大锯齿纹，肩腹部绘弧线纹间锯齿纹。线条简洁明快，图案规整有序。

陶瓷器

四大圈网点涡纹彩陶瓮

马家窑文化半山类型　高42.5厘米　口径13.2厘米
底径12.9厘米

侈口、直颈、圆肩、鼓腹、下收，小平底。泥质红陶，口内颈外以黑彩绘网格细带，锯齿纹，肩腹以红黑二彩绘四大漩涡纹。涡内填绘方格网纹与勾点纹，涡外绘锯齿纹及垂弧纹。

弧线纹间方格网纹彩陶罐

马家窑文化半山类型　高23.3厘米
口径18厘米　底径10.2厘米

甘肃省兰州市土谷台出土。
大口、微侈、圆溜肩、鼓腹下收、平底、双腹耳。施红黑彩，肩腹部绘弧线纹间方格网纹，颈部绘巜纹，口内绘大、小锯齿纹各一周。

多层垂弧锯齿纹双耳彩陶瓮

马家窑文化半山类型　高30.3厘米
口径17.5厘米

甘肃省广河县地巴坪出土。
泥质红陶。施黑、红彩，口沿内绘垂弧纹，腹部绘多层连续垂弧纹和锯齿纹，黑、红彩交替使用，由三组分层连续的垂弧纹组成整体图案，每层由两层黑色带纹和一层红色带纹组成，黑色带纹上缘绘向上的锯齿纹。整个图案密集繁复，俯视犹如一朵盛开的鲜花，造型丰满，色彩鲜艳。线条简洁明快，图案规整有序。

陶瓷器

人形纹彩陶罐

马家窑文化半山类型　高33厘米
口径16厘米　底径14.6厘米

侈口、束颈、圆肩、鼓腹下收、平底、二腹耳。口颈内外绘垂弧纹、“x”纹。肩、腹绘人形纹一周，腹下绘波纹。

网纹叶纹彩陶壶

马家窑文化半山类型　高24.5厘米
口径9.7厘米　底径9.2厘米

侈口、直颈、鼓腹下收、平底，双腹耳。颈肩绘网纹间叶纹，腹部绘齿纹二重，波纹一周。

圈点锯齿纹彩陶壶

马家窑文化半山类型　高34.6厘米　口径12.1厘米
底径12厘米

侈口、直颈、圆肩、鼓腹下收、平底。口沿外二附耳，腹二耳。口、颈内外绘连弧、齿纹。肩部红黑彩绘齿纹多层间四圆圈，内填点纹，腹部绘宽带齿纹，间缀圆点纹一周。

陶瓷器

多层齿纹彩陶壶

马家窑文化半山类型　高28.8厘米
口径11.1厘米　底径10.4厘米

1959年甘肃省和政县广和乡尕场出土。直颈、圆肩、圆腹下收、平底、双腹耳。颈部绘网纹，肩腹部绘四层平行锯齿纹间小锯齿纹二周。

四大圈方块网点纹彩陶壶

马家窑文化半山类型　高32厘米
口径12.2厘米　底径9.2厘米

侈口、直颈、圆肩、鼓腹下收、平底、双腹耳。口颈内外绘弦纹、齿纹、网纹。肩部红黑二彩绘四大圈旋纹，内绘方块网纹、勾点纹。腹部绘波折纹二重。

陶瓷器

圈点纹彩陶壶

马家窑文化半山类型　高34厘米　口径12.4厘米
底径12.1厘米

侈口、直颈、圆肩、鼓腹下收、平底、双腹耳。口颈内外绘连弧纹、齿纹。肩、腹以黑彩绘圆圈两层，圈内填绘点纹，两区间绘波纹一周。

菱格纹叶纹彩陶壶

马家窑文化半山类型　高20厘米
口径8.3厘米　底径8.8厘米

1975年于甘肃省景泰县张家台出土。小口、直颈、斜溜肩、鼓腹下收、平底。口有两小附耳，双腹耳。施红黑彩、颈部绘网纹，肩腹部绘菱格纹间四组叶形纹。

涡纹锯齿纹彩陶罐

马家窑文化半山类型　高32.9厘米
口径19.3厘米　底径13.1厘米

1973年于甘肃省广河县出土。侈口、圆肩、鼓腹、平底。口内绘锯齿连弧纹、颈外绘“x”字纹一周，间以红黑彩绘四组漩涡锯齿纹，腹下一周连弧纹。

陶瓷器

弧线纹叶纹彩陶壶

马家窑文化半山类型　高20.1厘米　口径9厘米
底径6.7厘米

1975年于甘肃省景泰县喜集水出土。
口微侈、直颈、上敛下扩、圆肩、鼓腹下收、平底、一肩耳、一腹耳。口沿内绘锯齿纹，颈部绘网纹。肩腹部绘弦纹间锯齿纹、叶纹，红黑彩。

平行线锯齿纹单耳彩陶罐

马家窑文化半山类型　高12.1厘米　口径9.3厘米
底径16.9厘米

1977年于甘肃省兰州市花寨子乡出土。
侈口、沿外翻、短颈、扁圆腹、平底、口肩耳。施红黑彩，口沿绘锯齿纹，颈部绘平行线纹和齿纹。

陶瓷器

齿状折线堆纹白陶罐

马家窑文化半山类型　高10.3厘米
口径7.9厘米　底径7.6厘米

1977年于甘肃省兰州市花寨子乡出土。
重唇口、束颈、斜肩、鼓腹，肩部双系对称两小耳。口周锯齿刻纹三周，腹上侧人字形折纹六组，腹下方堆纹四圈。

漩涡纹单耳彩陶盆

马家窑文化半山类型　高9厘米
口径14.5厘米　底径6.6厘米

1977年于甘肃省兰州市花寨子乡出土。
广口微敛、平沿、弧壁、平底、单腹耳。施红黑彩，口沿绘锯齿纹，外腹绘平行条纹八周及垂弧纹一周，内彩网纹与漩涡纹相间，有网纹四组，施涡纹三组，底部三角形纹。

旋纹彩陶壶

马家窑文化半山类型 高18.7厘米 口径8.8厘米
底径8厘米

1977年于甘肃省兰州市花寨子乡出土。
口为圆唇、直颈、圆肩、鼓腹、下腹内敛、平底、双腹耳。口沿外鸡冠状附耳，上有小孔。施红黑彩，颈部绘平行条纹、齿纹，肩腹部绘弦纹间锯齿纹。

陶瓷器

圆圈方格纹彩陶壶

马家窑文化半山类型　高17.5厘米
口径6.7厘米　底径8.4厘米

1975年于甘肃省景泰县喜集水出土。罐形口、圆肩、鼓腹下收、平底，单颈肩耳。腹下有一鋬，最下一周垂弧纹。

葫芦形网纹彩陶壶

马家窑文化半山类型　高35.5厘米
口径10.7厘米　底径12.2厘米

1977年于兰州市花寨子乡出土。圆唇口、直颈、圆肩、鼓腹下收、平底。双腹耳，口沿有两个鸡冠状附耳。施红黑彩，肩腹部绘葫芦形网纹。

变体神人纹彩陶瓮

马家窑文化马厂类型（距今约4000年前）
高44厘米　口径19.8厘米　底径11厘米

甘肃省兰州市土谷台出土。
侈口、短颈、鼓腹下收、平底、腹部双耳。器物上半部施红黑两色彩绘，颈部为波折纹，肩部有蛙纹两组，圆圈回形纹间网纹两组，口沿内彩为齿纹。

折带纹单肩耳彩陶壶

马家窑文化马厂类型　高21厘米
口径11厘米　底径9.5厘米

甘肃省兰州市白道沟刘家坪出土。
侈口、长颈中敛、斜溜肩、鼓腹、平底、单肩耳。施红黑彩，腹部绘折带纹，颈部绘折线纹。口内绘阴地圆点纹。

陶瓷器

阴地折线纹彩陶罐

马家窑文化马厂类型　高17厘米　口径10.7厘米
底径5厘米

甘肃省兰州市兰工坪出土。
微侈口、直颈、斜肩、鼓腹、平底、双口肩耳。
施黑彩，颈部绘复线“X”，肩腹部绘阴地折线纹一周，口沿内绘齿纹、垂弧纹。

内彩圆点贝纹彩陶豆

马家窑文化马厂类型　高8厘米　口径19.1厘米　底径11.7厘米

甘肃省永靖县文化馆移交。
豆为浅盘式，下为喇叭形圈足。圈足有穿孔。施红黑彩，豆内自外至内绘串贝一周，带纹、圆珠纹、圆圈十字纹。海贝，作为东部沿海地区的物品，其形象出现于远离海域数千里黄河上游马厂类型的彩陶上，这一现象绝不是偶然的，说明当时较大空间内文化接触、物品交换已开始发生。

陶瓷器

折线纹彩陶筒状杯

马家窑文化马厂类型 高13.4厘米
口径6厘米

甘肃省永昌县鸳鸯池出土。
红、黑彩，杯口沿内施横平行折线纹，
腹部绘平行折线纹。

变体神人纹筒状杯

马家窑文化马厂类型　高12.3厘米
底径9.7厘米

甘肃省永昌县鸳鸯池出土。
杯呈圆桶形，口腹耳，腹部有一乳突形鋬。口沿外绘斜锯齿纹、平行线纹，腹部绘“Ψ”形网纹。耳上绘波折纹。

圆圈网格纹彩陶鸟形壶

马家窑文化马厂类型　高22.9厘米
口径8.8厘米　底径8.4厘米

甘肃省榆中县上花出土。
壶口偏于一侧，圆肩、圆腹、下腹内收、平底、双腹耳、短尾鋬。腹部绘四圆圈，内填网格纹。

陶瓷器

竖线纹靴形罐

马家窑文化马厂类型　罐高16.9厘米
口径6厘米　底径11厘米

罐通体施黑彩，绘平行线条纹。造型别致、敦厚，纹饰简单大方，是一件难得的原始工艺品。

双鋬交叉波纹彩陶钵

马家窑文化马厂类型　高9.9厘米
口径16.2厘米　底径7.1厘米

甘肃省永昌县鸳鸯池出土。
大口、外侈、短颈、溜肩、鼓腹、小平底。双鋬在腹下相对，内外彩。内彩有四个相对的弧纹。外彩口颈部一周折线纹，其下两周黑带纹，下腹两侧均由交叉纹组成。

双耳彩陶罐

马家窑文化马厂类型　高8.3厘米
口径7.3厘米　底径4.8厘米

甘肃省东乡县河滩乡祁杨大队盐场出土。侈口、束颈、溜肩、折腹、下收平底、双口肩耳。口沿内彩，横平行条纹夹垂弧纹，外口沿竖水波纹，上腹几何纹。

双耳彩陶罐

马家窑文化马厂类型　高14.4厘米
口径9.3厘米　底径7.3厘米

甘肃省东乡县河滩乡祁杨大队盐场出土。侈口、束颈、溜肩、折腹、下收平底、双口肩耳。口沿内彩，横平行条纹夹垂弧纹，外口沿横平行线纹，颈部水波纹，上腹几何纹。双耳平行条纹，耳下部X纹。

陶瓷器

涡纹彩陶瓮

马家窑文化马厂类型　高52厘米　口径19.6厘米
底径12.5厘米

甘肃省永登县蒋家坪出土。
瑰丽大方的图案与魁伟丰满的器形相结合，表现出雍荣华贵的气度，因而享有“彩陶王”的美誉。

神人纹彩陶壶

马家窑文化马厂类型　高46厘米
口径18.9厘米　底径11.5厘米

甘肃省境内出土。
壶身施红、黑彩，肩、腹部绘对称变体神人纹、圆圈纹。

陶瓷器

六圆圈网纹彩陶罐

马家窑文化马厂类型　高13.5厘米　口径11厘米
底径7.9厘米

甘肃省兰州市白道沟刘家坪出土。
侈口、短颈、斜肩、鼓腹、平底、双口肩耳。施红黑彩，肩腹部绘六圆圈，内填网纹，颈部绘阴线波折纹。口内绘小锯齿纹和多组栉篦纹。

编织纹彩陶罐

马家窑文化马厂类型　高21厘米　口径10.5厘米
底径8.5厘米

甘肃省兰州市白道沟刘家坪出土。
斜肩、鼓腹、双口肩耳。肩腹部饰编织纹，颈部绘平行线纹，口内绘小锯齿纹和垂弧纹。

陶瓷器

阴地圆圈纹彩陶罐

马家窑文化马厂类型　高9厘米　口径8.2厘米　底径5.5厘米

甘肃省兰州市白道沟刘家坪出土。
侈口、短颈、斜肩、折腹、平底。颈部绘阴地菱形纹，腹部绘阴地圆圈纹一周。

十字杵纹、菱形纹彩陶罐

马家窑文化马厂类型　高7厘米
口径7.8厘米　底径4.3厘米

侈口、短颈、斜肩、折腹、平底、双口肩耳。施红黑彩，颈部绘十字杵纹，腹绘水平菱形纹一周，口内绘平行条纹、齿纹。

回形十字纹彩陶纺轮

马家窑文化马厂类型　直径7.3厘米
厚0.9厘米

1955年于甘肃省兰州市白道沟徐家坪出土。
圆饼形，中有一圆孔，两面均施黑色彩。绘四组三角回形十字纹。

陶瓷器

双耳偏口蛙纹彩陶壶

马家窑文化马厂类型　高15.8厘米
口径5.8厘米　底径6.6厘米

1955年于甘肃省兰州市华林坪出土。圆肩，器口两侧各有一小耳，直颈偏口，腹部纹饰分为四组，一蛙形纹，二圆圈中小网纹间折线纹二组，一圆圈内为细网纹，下有一周垂弧纹，颈外为“x”形纹，口沿内彩绘垂弧纹一周。

三角回纹四耳彩陶盘

马家窑文化马厂类型　高7.5厘米
口径24厘米

1958年于甘肃省永登县红大坂出土。敞口、折沿、浅弧壁、平底。口外有四耳，耳上有四短柱。施红色陶衣，绘黑彩。盘内底绘三角回形纹四组，盘内绘水平短线。盘口沿绘三角短线一圈，盘外绘波纹。

陶瓷器

双耳彩陶罐

马家窑文化马厂类型　高44厘米　口径16.2厘米
底径11.3厘米

1977年于甘肃省兰州市土谷台出土。
侈口、短颈、圆肩、圆腹下收、平底、双腹耳。
施黑彩，颈部绘网格纹，口内绘垂弧纹。

刻划蚕纹红陶双联罐

齐家文化（距今约4200—3700年） 高8.2厘米
口径5.4厘米　底径3.2厘米

1963年于甘肃省临洮县冯家坪出土。
两罐均为敞口，斜直高领、圆唇、鼓腹、平底。罐腹内相通，两罐以耳相连，腹部均用细阴刻线勾画三条蚕纹， 共六条蚕纹。

陶瓷器

斜线三角纹彩陶罐

齐家文化　高17.8厘米　口径8.9厘米
底径7厘米

直口、溜肩、鼓腹、平底、双口肩耳。腹部有双乳突，颈部绘菱形网纹，肩部、腹部绘宽细斜线纹间网线三角纹。

对顶三角纹贯耳彩陶罐

齐家文化　高7厘米　口径6厘米

1957年于甘肃省武威市皇娘娘台出土。侈口、高领、束颈、腹微鼓、平底。腹部饰贯耳，腹部绘两组对顶三角纹。

红陶刻划鸟形器

齐家文化　长19厘米　高12.5厘米

购自甘肃省文物商店。
红陶，捏塑成一趴伏的鸟形。鸟小头，粗颈，鼓腹，腹下有短短的三足。尾部为一椭圆形管状口。鸟背脊及尾部器口周边饰锯齿纹，上腹部刻划折线、方格及戳印圆圈纹。这件鸟形器造型朴拙又不呆板，风格写实却又不失变化，是齐家文化陶器中的佳作。

绳纹红陶筒瓦

齐家文化　长20.5厘米　宽10厘米　高9.3厘米

筒瓦横截面呈半圆形，瓦面饰绳文，一端有一瓦钉，瓦槽内泥条盘筑痕迹十分清楚。

陶瓷器

三犬纽盖彩陶方鼎

四坝文化（距今约3900—3400年） 长23厘米
宽12厘米 高27厘米

甘肃省玉门市火烧沟遗址出土。
鼎为长方形，四角下承四扁直足。子母口，鼎盖上塑三只并排站立的犬，犬双眼圆睁，双耳高竖，做警觉状。原彩已大部脱落，但犬的造型颇有生趣。

簇形盖彩陶罐

四坝文化　通高32.2厘米　口径14.6厘米
底径11.4厘米

甘肃省玉门市火烧沟遗址出土。
夹砂红陶，施红色陶衣。敛口、鼓腹、平底、双腹耳，肩部另有一小耳。盖圆形，上有簇形纽。黑彩，盖上绘斜格纹及“工”字纹，上腹部绘竖线斜格纹。簇形盖是四坝文化的独特造型。

羊首鋬彩陶方杯

四坝文化　高5厘米　口径4.5厘米
底径3.5厘米

1976年甘肃省玉门市火烧沟遗址出土。
方杯大方口，直腹下收，小方底。一侧以面部向上的羊首做柄，羊大角弯卷，口、鼻及双目和两耳孔均为镂孔，鼻、双角和脑后以黑彩作装饰。方杯的一侧面绘十指并拢的双手，其余两面绘回纹和三角纹。方杯造型别致，纹样独特，是四坝文化彩陶中的精品。

陶瓷器

双钩纹彩陶鬲

辛店文化（距今约3400—2800年） 高9.5厘米
口径10.5厘米

侈口、束颈、三个袋足、单耳。三个袋足上分别绘双钩纹，上加羊角纹。

绳纹红陶圜底罐

辛店文化 高17.1厘米
口径11.1厘米 底径6.4厘米

1974年于甘肃省东乡县祁杨大队盐场出土。
直口、直颈、斜溜肩、鼓腹、圆底，颈肩饰双耳。

太阳纹双钩纹彩陶罐

辛店文化　高24.5厘米　口径14厘米　底径4厘米

1974年于甘肃省东乡县祁杨大队盐场出土。
马鞍形口、束颈、斜肩、双口肩耳、折腹、底部内凹。腹部绘复线双钩纹。

陶瓷器

双耳彩陶罐

辛店文化　高20.3厘米　口径13.2厘米
底径6厘米

甘肃省东乡县河滩乡祁杨大队盐场征集。
马鞍口、束颈、斜肩鼓腹、腹下收、底内凹、双颈肩耳。口沿内彩，施条纹，外口沿几何纹，颈腹交接处几何纹，上腹施S纹夹双钩纹，下腹施横平行水波纹。图案简洁，别具一格。

三角斜线纹彩陶罐

辛店文化　高8.5厘米　口径15厘米
底径8.5厘米

1975年于甘肃省东乡县祁杨大队盐场出土。
侈口、短颈、斜肩、折腹、平底。口沿内红底黑彩折线纹，外沿横平行线纹，上腹满绘斜线组成的三角形一周。

兽首人身纹彩陶壶

辛店文化　高41.7厘米　口径14.2厘米
底径11.5厘米

1974年于甘肃省东乡县祁杨大队盐场出土。长颈、上敛下扩、斜肩、鼓腹、下腹内收、平底。口沿宽带纹，颈部几何纹，水波纹及弦纹各一周，上腹绘两组变体双钩纹夹兽首人身纹，下腹饰细绳纹。

陶瓷器

横竖平行条纹彩陶罐

沙井文化（距今约3000—2600年） 高15.9厘米
口径9.2厘米 底径8厘米

圆口、直颈、斜溜肩、腹微鼓、平底、单口腹耳。
施红彩，颈部绘横竖平行条纹。

绿釉陶楼院

汉　高67.1厘米

甘肃省武威市雷台汉墓出土。
中央矗立五重楼阁，已具楼阁式塔的雏形。周为方形坞壁，坞门上与坞壁四角各有小碉楼，互以飞栈相连，为既可署理公事又可坚壁防守的官寺的真实模照。

陶瓷器

卧羊陶水盂

晋　高4.6厘米　首8.6厘米

甘肃省甘谷渭河峪十字道出土。
水盂呈卧羊形，管形口，臀部上方有三角形的鋬，上有一穿孔。

三彩瓶

唐　高10.4厘米　口径3.5厘米　底径4.4厘米

小口翻唇、束短颈、圆肩、鼓腹、下腹内收、假圈足。颈、上腹饰三彩釉。

陶瓷器

三彩胡人牵驼俑

唐　俑：高76厘米　宽25厘米　骆驼：高93.4厘米　长65厘米

甘肃省秦安县叶家堡出土。
胡人俑身施黄绿色釉，头仰视，右手握于胸前，左手握于腰间，呈牵驼状。胡俑身穿翻领大衣，内着红色衣衫，头戴软幞头，足穿长筒靴，站立于踏板之上。骆驼通体施褐色釉，昂首向上，张口露齿，双峰较高，四腿直立于长方形踏板之上。这组文物人、驼造型均以写实手法，生动逼真；釉质匀净，色泽明亮和谐，体现了盛唐时期三彩工艺的卓越水平。盛唐时期是丝路文化的黄金期，西域胡商来往不绝，而号称“沙漠之舟”的骆驼成为丝路上的主要交通工具，秦安县叶家堡出土的这组三彩胡人牵驼俑艺术地再现了盛唐时期丝绸之路的繁荣景象。

梵文彩绘陶塔

唐　高66厘米　顶1.6厘米
底径35.7厘米

塔身呈八角形，每个转角处及上下端用朱红色画出倚柱及地袱和木枋，圆形底座画满了仰莲，盝形顶上也画满唐草及覆莲。葫芦形的塔刹被装饰成莲蕾，在相隔的塔身四面上各写四个梵文，这种梵文彩绘陶塔为国内罕见。

陶瓷器

三彩胡人牵马俑

唐　俑：高76厘米　马：高73厘米

甘肃省秦安县叶家堡出土。

俑和马均通体施红褐色釉，胡人俑深目高鼻，光头无帽，顶端蓄刘海一绺，两撇八字胡微微翘起，身着大衣，腰系带作结，下着紧腿裤；右手握于胸前，左手握于腰间，呈牵马状；足穿长筒靴，站立于踏板之上。马身丰硕，体态肥壮，颈部高起，粗颈略曲，耳小鬃短，肥臀细腿，四腿直立于长方形踏板之上。这组文物人、马造型均以写实手法，生动逼真；釉质匀净，色泽明亮和谐，体现了盛唐时期三彩工艺的卓越水平。

三彩天王俑

唐　高158厘米　162.7厘米

甘肃省秦安县叶家堡出土。
天王俑是唐代最常见的陶制随葬品，为墓主人的护卫，一般成对出现在墓葬中。两件天王俑通体施黄、绿、褐色釉，头部施彩绘。其中一俑头戴鹖冠，鹖口含珠，展翅翘尾。身穿铠甲，肩覆象头披膊，胸前左右及腹部各有一圆护，腰带下垂膝裙。天王面部无釉，眉毛、眼睛、胡须为以墨彩勾绘出来，怒目圆睁，右手叉腰，按于胯上，左手握拳平举，双足踏于小鬼之上，右脚踩肩，左脚踏身，小鬼伏卧在台座上做挣扎状。另一天王亦头戴鹖冠，身穿铠甲，怒目圆睁，所做动作相反，左手叉腰，右手握拳高举，双足踏于小鬼之上，左脚踩肩，右脚踏身，小鬼伏卧在台座上做挣扎状。两件器物造型刚健有力，刻画细致入微，表现了天王神圣不可侵犯的形象，增添了墓主人的威慑力。

陶瓷器

三彩镇墓兽

唐　高132厘米　宽58厘米

甘肃省秦安县叶家堡出土。

镇墓俑蹲踞于三彩台座上，面部和翅翼等处以朱、黄、金等色描绘，与三彩釉色相辉映，更显得亮丽醒目。前腿挺立，关节外凸，爪趾粗壮有力；后腿曲蹲，上身前倾，做欲突然跃起状。一对猪耳，翘然高耸；额上双角，锐而坚挺。全身施褐、黄、绿色釉。头生角，耳竖立，头、背喷火焰，双目圆鼓，昂首挺胸，前肢直撑，后肢曲蹲。镇墓兽面目狰狞，獠牙龇露，凶猛异常，有很强的威慑力。镇墓兽一般放置于墓门口，起到镇墓辟邪的作用。

三彩女骑马俑

唐　高36.3厘米

甘肃省秦安县叶家堡出土。
整体为白陶胎，施黄、绿、褐色釉。仕女俑挽高髻，面部丰满，目视前方，右手下垂，左手弯曲，做驭马状；唇涂朱，上着短袖衫，下穿长裤，神态悠然地骑在马上。白马昂首，两耳直立，双目前视，墨绘辔饰，四腿有力，站于长方形踏板上，形态自然逼真。

陶瓷器

三彩男骑马俑

唐　高38厘米

甘肃省秦安县叶家堡出土。
整体为白色胎，施绿、褐、白色釉。俑为胡人，头戴软幞头，深目高鼻，髭须浓重，头转向右侧，身穿翻领胡服，双臂弯曲，双手呈勒缰绳状骑于马鞍上，双目凝视远方，神态威武。马体态雄健，昂首，双耳直立，双目前视，四腿挺拔有力，立于长方形踏板之上。

三彩文官俑

唐　高133.5厘米

甘肃省秦安县叶家堡出土。
陶胎，质较松，施黄、绿、红、黑彩釉。文官俑头戴梁冠，五官端正，目视前方，唇涂朱，墨绘髭须。曲臂，双手拢于胸前，身穿广袖交襟上衣，下着长裙，足蹬云头靴，站立于镂空椭圆形座上。面容斯文，神态雍容，显示了唐代文官的风度。

三彩武官俑

唐　高135.5厘米

甘肃省秦安县叶家堡出土。
陶胎，质较松，施黄、绿、红、黑彩釉。武官俑头戴鹖冠，横眉大眼，怒视前方，向前稍弯。右手握于胸前，左臂握拳下垂，拳心留有持物小孔，身着广袖外衣，腰系带，下穿紧腿裤，足蹬尖头靴，站立于镂空椭圆形座上。形体高大，神态威严。

陶瓷器

三彩立牛

唐　高29厘米　长42.5厘米
宽16.5厘米

甘肃省秦安县叶家堡出土。
牛呈站立状，身躯肥硕，腿短身矮，尾下垂，牛头平举，短角平出，削竹状耳，双目圆睁，肌肉发达，体态雄健，神情恬静，通体施褐色釉，釉色流淌自然，呈现出典型的秦川牛之神态。为三彩雕塑艺术之精品。

三彩卧牛

唐　高19.5厘米　长40厘米
宽16.6厘米

甘肃省秦安县叶家堡出土。
牛为写实耕牛的本色，全身施黄褐色釉。工匠在造型时采用了耕牛常见的卧姿，让其左前肢略微前伸，右前腿后蜷，头部高抬，从而使卧牛显得活泼有神。牛身肌肉发达，体态雄健，短角横伸，双目圆睁，颈部粗短，整个面部神情呈现出淳朴、安详之气氛，是唐代三彩雕塑艺术中不可多得的精品之作。

彩绘武士骑马俑

唐　高35.5厘米　长25.5厘米

新疆吐鲁番出土。
唐代丝绸之路繁荣发展，为保障丝路畅通，唐初在西州（吐鲁番县）设安西督护府。吐鲁番出土的武士骑马俑是当年驻军的生动写照。
彩绘武士骑马俑泥塑捏制，骑士顶盔贯甲，骑胯于马背，左手做握缰状，右手曲肱于身前，原持兵器已佚。俑身着黄、绿相间象征皮质或铁质铠甲的外套，头戴兜鍪。马体浑圆饱满，腰背搭鞍鞯，马身白粉地，上饰黑、红彩绘，以黑彩绘出鞍鞯、马的眉、眼及缰勒。整体色彩丰富，形象生动，以写实手法，展现了盛唐时期彩绘作品的亮丽风采。

陶瓷器

建窑兔毫黑瓷碗

宋　高6.1厘米　口径15.5厘米　底径4.3厘米

侈口、斜壁、浅腹、圈足。酱釉，腹内外有兔毫黑纹，口缘以下约1.5厘米内外无斑纹，足圈以内均无釉，足圈外壁及其附近有垂釉。

龙泉窑青釉莲瓣碗

宋　高7.3厘米　口径13.9厘米
足5.1厘米

侈口、弧壁、深腹、圈足。器内外施青釉，圈足有釉。外壁刻双层莲瓣纹。

鼓钉纹绿釉三足炉

宋　高6.9厘米　口径13.8厘米　底径10.1厘米

口平、沿内折、浅腹、直壁、平底，底部有三乳足。器身模印二圈鼓钉纹，施绿釉。

豆青釉瓷壶

宋　高28.1厘米　口径10.2厘米
底径8.9厘米

盘口、束颈、长腹微鼓、圈足，肩部有对称的圆环系。器内外施青釉，圈足无釉。器身刻阴弦纹三圈，圈内刻莲瓣纹。

陶瓷器

耀州窑刻花青瓷尊

宋　高11.5厘米　口径14.9厘米　底径6.5厘米

1966年甘肃省庄浪县寺坪塬出土。
直口、直壁、下壁内敛、圈足。圆盖微鼓，顶部有蜗形钮。器盖、碗身内外施青釉，器底有釉。器体刻缠枝牡丹纹。

磁州窑卧虎枕

金　高10.7厘米　面长37.5厘米　底径36.5厘米

枕为卧虎状，枕面呈椭圆形，平底无釉。虎身施黄色釉，黑彩绘虎身，枕面白釉，绘菱形花卉纹。

陶瓷器

黑釉剔花瓶

元　高27.1厘米　口径7.3厘米　底径8.2厘米

内蒙古自治区额济纳旗黑城子出土。
喇叭口、束长颈、颈下渐阔、球形腹、圈足。器身施黑釉，腹部剔刻花卉纹。

龙泉窑青釉刻花高足碗

元　高9.2厘米　口径12.3厘米

甘肃省漳县汪世显墓出土。
敞口、弧壁、浅腹、高圈足。通体施青釉，内壁刻划莲花纹。

釉里红高足杯

元　高8.7厘米　口径8.9厘米
足径3.6厘米

甘肃省漳县汪世显墓出土。
杯为碗形，高空心足，上细下阔。杯外壁涂抹铜红料，外罩透明釉，在高温还原焰中烧成鲜红色。

陶瓷器

刻花褐黄釉瓷盘

元　高3.2厘米　口径16.1厘米　底径6厘米

大口、斜壁、浅腹、平底、圈足。器内外施褐黄釉。器内刻花卉纹，外口沿刻分组的短线纹一周。

钧窑瓷碗

元　高8.2厘米　口径18.6厘米　底径5.9厘米

大口、内敛、弧壁、圈足。器内外施灰蓝釉，器外施釉不到底，釉面细碎开片。有窑变蓝红色斑一处。

至正七年铭绿釉舍利陶塔

元　高96厘米

塔由七层组成，最下层为四蹄足方托，上置深束腰仰覆莲塔基，釉色呈绿色。三层为钟形覆钵，上部饰四个兽面，口衔串珠宝珠。覆钵中部还有一道圈箍，下垂流苏及摩尼珠，覆钵之上是“亞”字形叠涩须弥座式刹基，上饰蕉叶。刹基上安装圆台形相轮十一道，然后是天盘、地盘及蒜头形宝珠。第二层束腰形塔基内墨书“至正七年岁丁亥二月初八廿时归化通显密大师”。至正七年为1347年，这说明该塔是瘗埋高僧骨灰的舍利塔。

陶瓷器

白釉印花蝶腰鼓枕

明　高15厘米　长33.1厘米　宽16.3厘米

此枕呈腰鼓形，平底，底部有两个小圆孔。器身满施白釉。枕面模印团花纹和蝴蝶纹，枕一旁侧模印熏炉和云气纹，另一旁侧模印和彩绘如意和瓶花纹。

德化窑白瓷盘

明　高4.1厘米　口径22.3厘米　底径13.2厘米

大口、宽沿、斜壁、浅腹、平底、宽圈足。器内外施白釉。内底针刻花卉纹，外底有一阳文的印章。

雍正款霁红盘

清　高4.4厘米　口径19.8厘米　底径12.7厘米

盘为敞口，盘内外施红釉，釉色近于朱红。足底施白釉，足底书青花“大清雍正年制”楷书款，外有圆形双线蓝圈。

陶瓷器

雍正款祭蓝高足碗

清　高11.2厘米　口径17.8厘米
底径7.1厘米

为敞口大碗，喇叭口，高圈足，高足上方有一突起的箍圈。碗外施蓝釉，釉色匀净深沉，碗内和足内施白釉，足内边横书“大清雍正年制”青花楷书款。

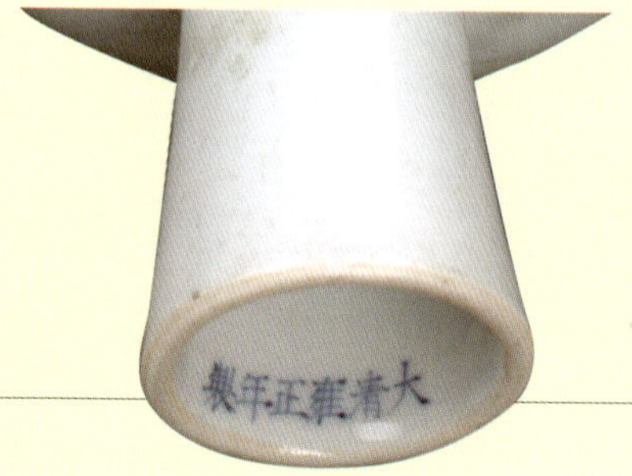

釉里红鱼纹高足碗

清　高11.2厘米　口径15.5厘米　底径4.6厘米

侈口、弧壁、浅腹、高圈足。通体施白釉，釉下绘釉里红三鱼纹。底书“大清雍正年製”青花款。

康熙款青花人物碗

清　高7.7厘米　口径16厘米　底径6.8厘米

敞口、斜折沿、弧壁、深腹、圈足。内口沿画松树图案，碗内画儿童戏逐图，外口沿画四组卷云纹，外壁绘西厢记，底书“大清康熙年制”青花款，外加青花圆形双线蓝圈。

白釉暗云龙纹高足碗

清　高11.2厘米　口径13.8厘米　底径4.2厘米

侈口、弧壁、浅腹、高圈足。通体施白釉，器内外刻暗龙纹，内底刻“大清乾隆年制”楷书暗款。

青铜器

青铜器是我国商周时期最具代表性的器物。甘肃省东乡林家马家窑文化遗址出土的铜刀是中国迄今发现最早的青铜器。齐家文化、四坝文化均发现了较多的早期铜器。因此，学术界普遍认为甘肃是研究中国青铜器起源的关键地区。

出土于灵台县百草坡西周墓、礼县大堡子山春秋时期秦公墓的青铜器，造型庄严凝重，纹饰狞厉繁复，是精美绝伦的国之瑰宝；武威市雷台汉墓出土的一组铜车马仪仗俑队及铜奔马，气势磅礴，是边塞骏马绝尘飞驰、汉帝国经营河西走廊开拓精神的象征。

青铜器

人面柄首铜匕

辛店文化　长14.3厘米　宽2.2厘米

甘肃省广河县采集。
匕身平直呈长舌状，下端为圆弧形，手握处渐收分变窄，无明显的柄部，背面有桥形钮。匕首为一圆形浮雕人面，双目圆睁，双耳外耸，鼻梁高直贯额伸至发际，厚唇凸出而微张。轮廓分明，表情神秘。匕为古代习用的一种食器，兼有后世勺子和刀子的功用。

人首柄铜匕

辛店文化　通长25厘米　匕长19.1厘米　匕宽3.2厘米　环径4.3厘米

征集。
匕整体呈扁平的长条形，柄端为一铸成的圆形人面像，面部平圆，双目圆睁，鼻子高挺，口唇圆张似语，双耳为两个镂空的圆环。颈部内收，胸部饰菱格纹。柄背有一半环钮，内穿一扁平圆环。是一个便携式的小刀兼饭匙。

环首铜刀

齐家文化　长18.6厘米　宽2.9厘米

甘肃省康乐县塔关村商罐地出土。
环首，直柄，拱背，刀头略翘，刀刃呈弧状曲线，锋部尖锐而后部略宽，刀柄变窄而长短适宜，首部圆环规整有致，便于穿系以供随身携带。整体造型优美轻巧，使用起来会更加方便顺手。

铜空首斧

四坝文化　长12.5厘米　銎径3.5厘米

1976年甘肃省玉门市火烧沟遗址出土。
青铜铸成。圆銎，銎口有圆边一周。近銎处有一三角形孔。直体，刃部微弧。这种空首斧是四坝文化中较常见的工具之一。

青铜器

鹰首铜饰

沙井文化　高5.5厘米　宽5.2厘米

甘肃省永登县榆树沟出土。

设计者以比较夸张的艺术手法塑造了雄鹰的头部形象，特别突出了圆睁的巨目和硕大的弯喙，着力表现了鹰的锐敏视觉和攻啄习性。勾云状耳与鳞形羽瓣则线条简练。以鹰颈为圆銎，上细下粗，略呈喇叭口状，銎两侧有对称的小方孔，可以采用銎、穿结合的固定方式。造型生动富有情趣，个性鲜明，铸工精巧。权杖作为身份地位的象征，在甘青地区多有出土，此器物应为部族所崇奉、敬畏的图腾物所作的权杖首。

“父癸”铜卣

商　高39.5厘米　腹宽25厘米　口径9.5厘米　底径16.5厘米

甘肃省灵台县百草坡出土。
圆体隆盖，大鼓腹下垂，盖顶部正中大捉手，捉手侧面有两穿，深子口，周围饰一圈简化的兽面纹，鼻翼以一小扉棱分隔。器身颈部双大环穿提梁，饰一圈兽面纹及中空连珠纹，兽面纹正中以一小兽面间隔，正面下腹部有一半圆，应为倒酒之时提手。大圈足外撇，饰两圈弦纹。口沿内有“父癸”二字铭文。

青铜器

“㤘伯作宝隮彝”铜提梁卣

西周　高32厘米　口径13厘米

甘肃省灵台县百草坡出土。
盛酒器。卣为提梁直筒形，半球状盖，盖中圆形捉手，盖口沿处饰一圈凤鸟纹，以小扉棱分隔。提梁呈倒U形，两端饰牛首。器身上部饰弦纹三周，下饰凤鸟纹一周，以变形牛首间隔。器身下部饰与器盖上相同的凤鸟纹一周，近底处同样饰弦纹三周。内底与内盖均有“㤘伯作宝隮彝”铭文。

“㥯伯”铜簋

西周　高15.2厘米　口径20厘米　底径16厘米

甘肃省灵台县百草坡出土。
饪食器。敞口直沿，唇部外翻，下腹壁微弧，圈足微外撇。双耳下有小珥，耳作兽形。腹上部饰云雷纹为底的兽面纹，正中有一兽首分隔，圈足上饰兽面纹四组，以小扉棱分隔。内底有“㥯伯作宝障彝”铭文。

“□”父丁铜角

西周　高24.7厘米　口径最宽处11.1厘米
最窄处8.4厘米

甘肃省灵台县百草坡出土。
深腹、圜底、带盖，盖上鼻钮，口沿两头呈凹弧形翼，翼尾呈锐角，角身一侧牛首鋬，鋬内角腹部铸有阴刻三字铭文，第一字不识，后两字为“父丁”。下承三棱形尖锥实心足，足尖外撇。器盖上及器身上均以云雷纹为底，兽面纹为主纹饰，三足朝外一侧均饰云雷底纹。

青铜器

青铜圆鼎

西周　高60厘米　口径50厘米

甘肃省灵台县百草坡出土。
大口、折沿、厚唇、微束颈、方立耳微外撇、深鼓腹、圜底、三蹄足。上腹部以五齿扉棱为鼻翼，饰六组兽面纹，兽面展出之分体为尾爪俱全的夔龙纹，细云雷纹为地，主纹面上又饰勾连纹，形成当时器物上常见的“三层花”。蹄足上部饰同样的兽面纹及云雷纹，并以五齿扉棱为兽面的鼻翼，下饰三道弦纹。腹内壁近口处铸族徽“[illegible]”。器形整体浑厚典庄，纹饰瑰异，气韵不凡。

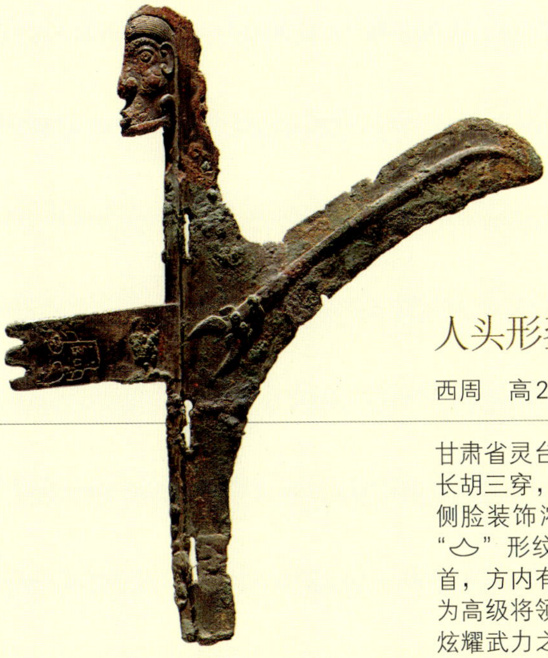

人头形銎青铜戟

西周　高25.5厘米　宽23厘米

甘肃省灵台县百草坡出土。
长胡三穿，人头形刺刃，颈部有椭圆形浅銎，人头形侧脸装饰浓眉巨目，高鼻厚唇，披发卷须，腮部有“◬”形纹饰。斜援如钩，援上有脊，脊近胡处饰牛首，方内有三齿，内上一侧阴刻牛头形徽识。此戟应为高级将领所持武器，不应为实用器，人头形装饰为炫耀武力之用。

镂空鞘青铜短剑

西周　长24.3厘米　鞘长18.7厘米　宽10.5厘米

甘肃省灵台县百草坡出土。
鞘以回环缠绕的镂空螭蛇纹构成，蛇身上有阴刻浅槽，钝三角形蛇头，双目凸起，鞘口两侧各有牛形动物装饰一只，旁各有两个小穿应为系木鞘或鞘之用。剑茎平直，剑身若韭叶形，近剑格处饰凤鸟纹，剑脊饰蝉纹。

青铜器

铜銮铃

西周　长17.5厘米

甘肃省灵台县百草坡出土。

下部为方形銎座，向上渐收分，座四周饰菱形纹饰，口部有对称的钉孔，用以固定柄部。座顶端承举扁圆形带翼的双面镂空铃，镂孔呈辐射状，中有铜丸，摇之尚能发出清脆音响。

夔纹三穿铜戈

西周　长28.4厘米　宽13.9厘米

甘肃省灵台县百草坡出土。
圭形锋，长胡三穿，直援，长方形短直内，内下端角有边刺，胡部弧度较大，援身上仰，内两侧均铸有夔纹图案，援基部铸一凸起的小兽首，近阑处有三短横线装饰。

铜辖軎

西周　长21.3厘米

甘肃省灵台县百草坡出土。
軎呈圆筒形，外端微收，至最端处略粗，端顶弧突并饰同心圆。軎筒四周饰四瓣蕉叶纹，蕉叶近毂处饰牛首纹，牛首长角弯扬。长方形辖孔，辖销扁平，贯穿軎轴后销端与軎平，半罐形辖头肥大素面，唯顶端横穿一小孔。

青铜器

“吕姜作”三高足铜簋

西周　高18.2厘米　口径18.1厘米

甘肃省灵台县百草坡出土。
饪食器。簋体低矮，弇口，宽腹呈扁鼓形。双兽首耳，圈足外侈，下附三扁状高足，圈足与高足相接处饰兽面，簋身五道瓦垄纹，内底四字铭文“吕姜作簋”。

□父乙铜卣

西周　高45厘米

甘肃省灵台县百草坡出土。
圆鼓腹、侈口、圈足。盖顶正中大捉手，捉手侧面有两穿，近口沿处一圈兽面纹间云雷纹。器身束颈，饰一圈与顶部相同的兽目纹间云雷纹，颈部双大环穿提梁，颈部饰一圈兽面纹间云雷纹，正中有一兽首分隔。圈足上饰一周简化的兽面纹及云雷纹。下腹部近圈足处有两小珥。卣盖内及底部铸有“□父乙”铭文。

青铜器

“匀”字铜甗

西周　高37.5厘米　口径23.5厘米

甘肃省灵台县百草坡出土。
侈口，细腰三款足，腰设活箅，口沿饰兽纹，足饰牛面纹。腹内壁铸有“匀”铭文。

㵒伯铜提梁卣

西周　高29厘米　口径12厘米

甘肃省灵台县百草坡出土。
器呈圆筒形，腹部上下各饰一道平行带形夔龙纹。提梁饰夔龙纹，卣带盖，盖面饰夔龙纹。提梁两端饰羊首。盖内和器内均铸有“㵒伯作宝障彝”铭文。

青铜器

徙遽广㢝铜盉

西周　高21.7厘米　口径12厘米

甘肃省灵台县百草坡出土。

弧面子口盖，盖顶拱形大钮，圆口、带流、平唇、小折沿、高束颈，肩部四隅突起，底部连裆，四个袋腹下四高柱足。半环形羊首鋬跨颈与下腹，鋬上部有活链与盖侧沿半环小钮相连。与鋬相对一侧颈上斜出管状流，嘴口面上斜，与器口平。通体纹饰主次分明，盖饰细线条兽面纹，云纹为地。颈部一周与流管饰云雷纹。腹部以裆凸为鼻棱，饰四组大兽面纹，兽目突出，细雷纹为地。足上部饰变体兽面纹和蝉纹。盖内二行六字“徙遽㢝作父已”铭文。

“羞父辛”铜斝

西周　高32.5厘米　口径19.5厘米

甘肃省灵台县百草坡出土。
鬲形，外折沿，平唇，沿上立矮粗的束腰双柱，直壁高束颈，颈部至腹部连接牛首鋬，分裆三足。颈部饰弦纹两周，其余部分皆素面。鋬内有“羞父辛”铭文。

青铜器

“㔾”铜方鼎

西周　长18厘米　宽14厘米　高24厘米

甘肃省灵台县百草坡出土。
器身呈长方形，双立耳、折沿、四圆柱足。器身四面均饰兽面纹，以云雷纹为底，四角分别起两齿扉棱，四柱足上部饰有兽面纹，鼻翼处起小扉棱，下饰两圈弦纹。口沿内侧铭“㔾作尊”。

虎纹铜钺

西周　长23.5厘米

甘肃省灵台县百草坡出土。
整体似半环，铸猛虎纹。虎背为刃，尾下有短胡两穿，尾、双爪上铸凹槽，虎首下弯，张口含銎，露牙睁目，领内有一圆形穿孔。

管銎铜啄锤

西周　长21.2厘米　宽4.1厘米　厚3.5厘米

甘肃省灵台县百草坡出土。
援部呈直楔状，援端收聚为圆钝锥锋，微起脊棱，脊棱两侧饰带纹，援基连接宽出的椭圆銎，内部位圆柱形短茎，连衣球形锤。可啄砍，可挥击，是一件较罕见的武器。

青铜器

觯形尊

西周　高24.3厘米

甘肃省灵台县百草坡出土。
大口微敞，直颈，下腹微鼓，圈足外撇。上腹部饰一周云雷纹，云雷纹上下各饰一周中空的连珠纹，圈足上饰一周云雷纹。

“㒼伯”铜方鼎

西周　高24.5厘米　长18.5厘米　宽14.6厘米

甘肃省灵台县百草坡出土。
鼎身呈长方形，双立耳，四柱足，外折口沿，器身正面、侧面正中及四角起扉棱，四面均以云雷纹为底，兽面纹为主纹，近四角处还有一小龙纹。四柱足上部各饰兽面纹一组，兽面正中起扉棱，纹饰下两圈弦纹。器内壁有“㒼伯作宝隮彝”铭文。

青铜器

兽面纹铜甗

西周　高38厘米　口径23.3厘米

甘肃省灵台县百草坡出土。
甗由甑和鬲连体组成，上部为甑，双立耳、敞口，口沿下一圈兽面纹，兽面正中有扉棱。下部为鬲，袋足上部饰兽面纹，中部两道弦纹，三蹄足。容器内部，甑和鬲中间由箅子隔开，上部放置被蒸煮食物，下部放置水。

“㒼伯”铜尊

西周　高25.3厘米　口径19.3厘米
底径13.5厘米

甘肃省灵台县百草坡出土。
盛酒器。侈口、圜底、高圈足与器身铸为一体，腹部微鼓饰凤鸟纹二组，中间起小扉棱分隔凤鸟纹。凤鸟纹上下各有弦纹三道，中间有弦纹两道，内底铭“㒼伯作宝障彝”。

青铜器

“伯作”铜爵

西周（前1046—前771年） 高22.4厘米
最宽处17.4厘米 最窄处8厘米

甘肃省灵台县百草坡出土。
盛酒器。圆体、深腹、圜底、尖尾、大流口，两柱上有菌状帽。器身牛首纹錾，錾内器身上铭“伯作”二字。器身中部一圈兽面纹，以云雷纹作地纹。三棱形锥实心足，足尖外撇。

“㝨伯”铜盉

西周　高28.5厘米

甘肃省灵台县百草坡出土。
盛酒器。盉为鬲形，带盖，桥形半圆钮，三款足。盖钮周空，近盖外沿处饰一圈兽面纹，以小扉棱分隔。牛首大鋬，鋬内有“㝨伯作”铭文。流上满饰蝉纹。器身近口沿处有一圈兽面纹，也以小扉棱分隔，腹部有两道三角折线纹。盖内有“㝨伯作宝隮彝”铭文。

青铜器

翼兽形铜提梁盉

春秋　高30.2厘米　长20.8厘米　宽22.5厘米

甘肃省泾川县金明公社出土。
盉体被设计为一四足怪兽。兽首微昂，张嘴为流，略翘的短尾为鋬，器腹深圆，粗短而趾爪向前的四腿，即为盉的四足。提梁呈龙形，盖中心亦饰一小翼兽为钮，盖与器身用一小环连接。器腹两侧各浮雕一飞龙，龙体遍饰鳞纹。龙做回首状，并各有五条扬起的羽翼。两只飞龙恰构成兽的双翼。

三人足铜洗

春秋　高14.1厘米　口径25.4厘米

甘肃省秦安县上袁家出土。
敞口，小折沿，弧壁，微鼓腹下收，平底，下承三足为双手叉腰站立人形，腹两侧设铺首半环。上腹饰三道弦纹。

青铜器

铜辖軎

春秋　辖长10.5厘米　軎长13.2厘米

征集。

辖軎为车轴头上固定车轮的器具。軎呈筒形，一端开口无纹饰，中部饰凸弦纹，闭口一端饰两周蟠虺纹及一周垂鳞纹，闭口一端外底面饰鸟纹。辖顶端饰兽首。

秦公簋

春秋　高17厘米　口径18.5厘米　腹径25厘米

甘肃省礼县大堡子山征集。
敛口，龙首双耳，下有短垂珥，鼓腹，圈足外侈，下附三蹄足，矮而内敛。口沿下饰兽目及窃曲纹。器腹部饰瓦垄纹，圈足饰垂鳞纹，器底铭，两行六字："秦公作铸用簋。"

"羊侯永用"铜剑

春秋　长55.5厘米

征集。
扁圆柱茎，圆平首，无箍，茎身残留缑痕，剑身起脊，脊棱直锐分明，薄格，中部两刃渐内收，近锋处又微凸，再收分成尖锋。腊基近格处剑脊刻有两行四字铭："羊侯永用"。剑身曾经镀锡处理，无锈处仍光亮如新。

青铜器

环带纹铜鼎

春秋　高20.5厘米　口径23.1厘米

甘肃省礼县大堡子山征集。
敞口微敛，宽折沿，浅弧壁，圜底较平，双立耳，三蹄足。腹外壁花纹分为两层，上层为窃曲纹间凤鸟纹，下层为环带纹，两耳饰重环纹，三足上端饰变形的兽面纹。

垂鳞纹秦公铜鼎

春秋　高41厘米　口径40厘米

甘肃省礼县大堡子山征集。
折沿、平唇、双立耳、敛口、垂腹、平底、三蹄足。足上刻有“山”字形扉棱，以扉棱为鼻脊饰兽面纹。口沿下饰一周窃曲纹。腹部饰三周垂鳞纹，颈部与腹部间以两道凸弦纹相隔。耳外廓饰重环纹。器腹内壁刻“秦公作铸用鼎”。

青铜器

垂鳞纹秦公铜鼎

春秋　口径38.8厘米　腹径37.8厘米　高37.7厘米

甘肃省礼县大堡子山征集。
外折沿，平唇，双立耳宽厚微外撇，浅腹下垂，平底略圜，三蹄足，足上有“山”字形三齿扉棱。以扉棱为鼻脊饰兽面纹。口沿下饰含目窃曲纹一周，腹部饰垂鳞纹三周。器腹内壁竖刻铭文两列六字“秦公作铸用鼎”。

鎏金虎噬羊形铜器座

春秋　长23厘米　高15厘米

甘肃省兰州市公安局移交。
器座中空，为一猛虎正在噬咬小羊。老虎双目圆睁，趴伏于地，锋利的前爪紧紧地抓住小羊，大口张开噬咬状，长长的虎尾卷贴于身体一侧。虎爪下的小羊前蹄跪倒，后蹄蹬地，头部歪斜做挣扎状。虎背正中有一方形銎口，銎口两面饰立兽面纹。虎、羊周身饰几何纹，因鎏金工艺而呈现出华贵富丽的效果。生动、夸张地表现了猛虎扑食的场景，与河北平山战国中山国墓中所出的虎噬鹿形器座风格一致。

青铜器

三角云纹铜壶

战国　高30.75厘米

甘肃省天水市征集。

圆口，口沿向内平折，长颈微内敛，斜溜肩，圆腹，下腹内收，高圈足微撇，肩部饰铺首衔环。腹部錾刻三圈三角云纹、间弦纹，颈部刻三角云纹一圈。圈足外侧刻蟠虺纹。

羽状纹铜壶

战国　高29.3厘米　口径11.4厘米　底径12.9厘米

征集。
盛酒器。口微外敞，口沿下饰三角锯齿纹一圈，肩部相对两铺首衔环，四圈凸弦纹间夹三圈羽状纹，圈足微撇至下部收直。羽状纹为战国时期比较流行的模印法制作。

青铜器

团花纹环耳铜敦

战国　高17.5厘米　宽21厘米　口径19厘米
底径11.5厘米

甘肃省平凉市庙庄出土。
有盖，敛口，弧形母口深盖，盖上饰卧虎三只。盖面中心圆圈内饰涡纹及一圈蟠螭纹，周围一圈九个团花纹，外圈一周蟠螭带纹，近口沿处又饰一圈团花纹。圆鼓腹，双铺首衔环，分别饰两圈蟠螭纹及团花纹间隔开来，圜底近平，圜底三矮蹄足。

鼎形铜灯

战国　开启高30.2厘米　收合高16.7厘米　口径11.3厘米

甘肃省平凉市庙庄出土。
器物由盖、键、耳、身几部分组成。鼎呈圆形，三蹄足，双附耳。耳上有键槽，两侧穿孔，中贯铁柱，使键一端销于耳上，键中部弯曲成半圆，双键合之为一小环，扣住鼎盖，收合时为三足圆鼎，内盛燃灯时所用的油料，盖顶中心有一圆銎，两侧二鸭首，逆时针转动鼎盖，其宽嘴正好衔住双键，鼎盖便被牢牢扣住。用灯时，顺时针转盖，使鸭首放开双键，将双键支起，可插入鼎盖中心的圆銎中，此时鼎盖即成为灯盏。构造精巧，设计科学，使用方便，封口严密不溢油，为贵族出行时使用的灯。

青铜器

四耳青铜鉴

战国　口径63.5厘米　底径31.5厘米　高42.3厘米

征集。

大口、窄口缘、束颈、有肩、腹部圜收，其下有短圈足。上腹有四兽耳，兽首口衔环耳，环耳上饰绹纹。鉴上腹部饰两道宽弦纹，周身饰蟠虺纹。

方銎鹰首饰

战国　通高3.7厘米

征集。
两件形制、大小相同。鹰首造型简洁，以鹰颈作方銎，颈两侧有对称的两孔。器物虽小，但简洁生动地刻画了鹰的形象。或为匈奴族穿系杆首的装饰物。

镶绿松石铜扁壶

战国　高29.4厘米　口径7.8厘米

征集。
侈口、束颈、圆肩、扁腹、长方形浅足底。肩部有两个小耳，当穿系之用。周身以绿松石镶嵌装饰纹样。此物为青铜材质制成的仿游牧民族皮囊壶的扁壶。

青铜器

包金铜车饰

战国　共8个　大小、形制均相同　长9.5厘米　宽8.1厘米

征集。

铜质，呈“L”形。一边圆筒形，顶端不封口，另一边扁长方形，顶端封闭呈圆弧形，但在内侧有一长方形缺口。车饰表面包金，边沿饰折线纹一周。这种车饰与甘肃马家塬战国墓中出土的车舆构件在形制与风格上非常接近。

亚腰形包金铜车饰

战国　共8个　大小、形制均相同　长15.1厘米　宽6.1厘米

征集。
铜质，车饰两端呈圆弧形，中间收腰，表面中部起脊，脊两端鼓起，背部最凹处有两横钮，表面包金，边沿饰折线纹一周。

青铜器

错金银铜柲冒

战国　长5.5厘米　宽2.5厘米

征集。

中空，横截面呈椭圆形。冒中部对穿两孔，顶部饰一长身卷尾，回首凝望的长蛇，蛇周身饰错金银的卷云纹。制作精良。柲冒是戈柲上端的装饰物，多作鸟、兽形。

错金银凤饰鸟纹铜镈

战国　长10.2厘米　宽4.3厘米

征集。

整体扁圆，近底部内收作握手，另一端开口。通体饰错金银卷云纹。中部环饰一长喙巨尾凤鸟。镈位于戈柲的末端，作装饰用。

两诏铜权

秦　高7厘米　底径5.2厘米

甘肃省秦安县上袁家出土。
权整体呈钟状，顶部鼻钮，刻阴文小篆，始皇诏："廿六年皇帝尽并兼天下诸侯，黔首大安，立号为皇帝。乃诏丞相状、绾，法度量则不壹，歉疑者，皆明壹之。元年制诏丞相，斯去疾法度量，尽始皇帝为之皆，有刻辞焉今袭号，而刻辞不称始皇帝，其于久远殴如后嗣为之者不称成，功盛德刻此诏，故刻左使毋疑。"

铜诏铁权

秦　高19厘米　底径25厘米　重31.6千克

甘肃省天水市征集。
权整体呈覆钵状，上部有鼻形提梁。提梁一侧镶嵌铜诏版，上阴刻篆书四十字，共六行，铜诏全文内容为："廿六年皇帝尽并兼天下诸侯，黔首大安，立号为皇帝。乃诏丞相状、绾，法度量则不壹，歉疑者，皆明壹之。"底部有因重量不足而加填的金属，为校验重量误差而采取的增减措施。

青铜器

铜车马仪仗队

东汉

甘肃省武威市雷台汉墓出土。
铜车马出行仪仗，由38匹铜马、1头铜牛、1辆斧车、4辆轺车、3辆辇车、2辆小车、3辆大车、1辆牛车、17个手持矛戟的武士俑和28个奴婢俑组成。这是迄今发现数量最多的东汉车马仪仗铜俑，气势宏大，铸造精湛，显示出汉代群体铜雕的杰出成就。

铜主骑

东汉　高51厘米　身长41.5厘米

甘肃省武威市雷台汉墓出土。
主骑形体高大，四足落地站立，昂首翘尾做嘶鸣状。鞍、辔等已失，仅存铜鞯。鞯面敷粉，墨绘天马行空和云气纹，还有边饰。

青铜器

铜从骑

东汉　高38厘米　身长36.5厘米

甘肃省武威市雷台汉墓出土。
头顶饰雄胜，侧首斜视，一足向前抬起，做仰首嘶鸣状，尾呈弧形，末端有纷。从骑是墓主人备用的乘骑。

铜奔马

东汉　通高34.5厘米　长45厘米　宽13.1厘米　重7.3千克

甘肃省武威市雷台汉墓出土。
造型矫健精美，做昂首嘶鸣、疾足奔驰状。塑造者摄取了奔马三足腾空、一足超掠飞鹰的刹那瞬间。让飞鹰回首惊顾，更增强奔马疾速向前的动势。其全身的着力点集注于超越飞鹰的一足上，精确地掌握了力学的平衡原理，具有卓越的工艺技术水平。马匹耳如削竹、眼如铜铃、鼻大牙齐、蹄如覆钵、健胸宽臀的这些特征都符合良马的特征，特别是表现出河西走马禀赋的对侧步特征。构思巧妙，艺术造型精炼，被选为中国旅游的标志。

青铜器

铜斧车

东汉　高58厘米　长38厘米　宽45厘米

甘肃省武威市雷台汉墓出土。
铜斧车系出行仪仗队列中前导车之一，由车、马、御奴、斧组成。车为双曲辕，连衡带轭有轪，两高轮，各有辐条12支。长方形舆，舆底作镂空菱形纹格。前部有弧坡形栏轸，轼中部插铜斧，御者在其侧。铜马粗颈肥臀，硕壮稳健，平首张嘴，呈嘶鸣状，双耳间饰有“雄胜”。尾弯弧形，竖立臀上，四足伫立。御奴呈跪式，戴平顶翻边的巾帻，穿交领服，双手拱举，似执辔驾驭状。斧车上立斧以示其权威，是墓主人身份和威势的突出标志。

御奴驾马铜轺车

东汉　马高39厘米　长35.8厘米　车高32.4厘米　长31.5厘米

甘肃省武威市雷台汉墓出土。
由轺车、马、伞盖、御奴组成。车双辕前屈，连横带轭有轨。两轮重毂，辐条12支。御奴穿交领服，双手拱举，做执辔驾驭状。车舆两侧有朱红幡，据《后汉书·舆服志》记载："朱两幡"为俸禄二千石以上的地方最高级官吏享用的乘舆。此车是出行仪仗队中的前导车。

青铜器

执戟铜骑士

东汉　高39.3厘米　长34.94厘米

甘肃省武威市雷台汉墓出土。
由骑士、戟、马、鞍组成。骑士跨坐马鞍上，戴巾帻，穿交领服，左手执辔，右手举戟。骑士的五官，马的眼、耳、鼻和鬃毛，均以朱红、粉白和墨线点绘。马背上附马鞍，沿边有环。鞍下马身有鞯，粉底朱彩。

执矛铜骑士

东汉　马高39厘米　长33.5厘米
俑高27.7厘米

甘肃省武威市雷台汉墓出土。
由骑士、矛、马、鞍组成。骑士跨鞍骑于马背，右手持矛。骑士的五官，马的眼、耳、鼻和鬃毛，均以朱红、粉白和墨线点绘。马仰首翘尾，四足伫立呈嘶鸣状。

青铜器

铜骑吏

东汉　高27.8厘米

甘肃省武威市雷台汉墓出土。
骑吏着武吏双角巾帻，穿交领服，五官以朱红、粉白和墨线点绘，左手执辔，右手握武器于胸前。双腿呈片状，跨坐于鞍上，当为骑士领队武吏。

铜辇车

东汉　通高40.5厘米　通长58厘米　车宽29厘米

甘肃省武威市雷台汉墓出土。
铜辇车系出行时官吏家眷乘坐之车。由车、马和一位将车奴组成：马仰首翘尾做嘶鸣状，双耳间饰有“雄胜”。尾扁平弯曲，竖立臀上。马四足伫立；铜车两辕为带刺树枝状，向上弯曲，车舆长方形，舆各面附有穿环；两轮高大，每轮辐条各12支。将车奴头戴巾，身穿长袍，站立，双臂前伸，右手略高，作牵拉缰绳状。

青铜器

铜牛车

东汉　通高40.5厘米　通长58厘米　车宽29厘米

甘肃省武威市雷台汉墓出土。
铜牛车系出行时随从官吏乘坐之车。由牛、车组成。牛四足伫立，体躯较长，神态平和，牛身体上留有插嵌耳、角、尾的孔洞。以牛驾车，取其任重赴远且平稳之特点。车两辕为带刺树枝状，向上弯曲，车舆长方形，后厢板有门可开启，车上放置有一小几。舆各面附有穿环，两轮高大，每轮辐条各12支。

铜马

汉　长38.9厘米　高42.1厘米

甘肃省张掖市上寨公社出土。
马匹四足站立，昂首张嘴，尾平。有雄胜，辔、镳、衔、勒、鞍、障泥、肚勒俱全。

青铜器

启合铜灯

汉　高14.5厘米　口径6.9厘米

甘肃省秦安县上袁家出土。
灯呈筒状，有盖，盖为二层，上层三钮，侧有活柄，连以活铆，翻转成灯盘。灯身呈圆筒形，一侧有半圆柱形凹槽，底为三层，中层系半活动底，以半圆柱轴相连接。第二层灯盘可转动。全器能旋转启合，设计别致，制作精巧。

朱雀、天马纹铜弩机

汉　通高14.5厘米　长15.1厘米　宽3.5厘米

甘肃省天水市征集。
郭身呈长方体，内里仅存钩弦、望山。望山上刻朱雀纹及刻度尺，钩弦上刻有菱格纹，郭身一侧刻朱雀及天马纹。

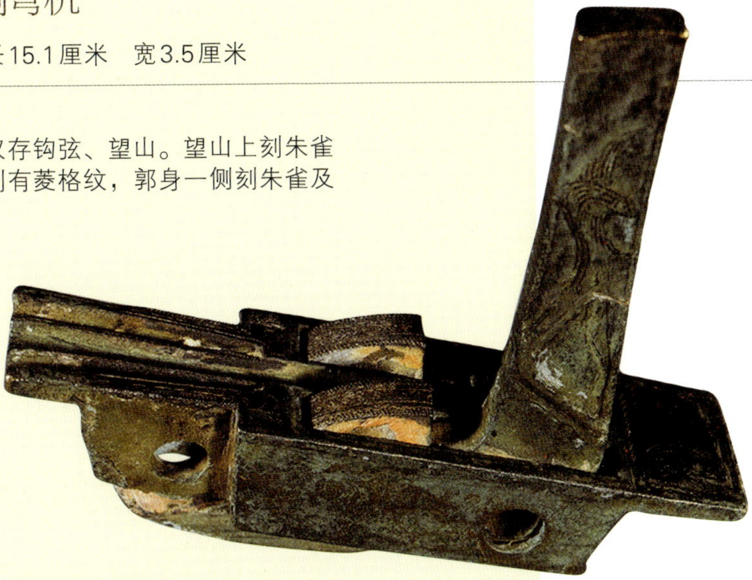

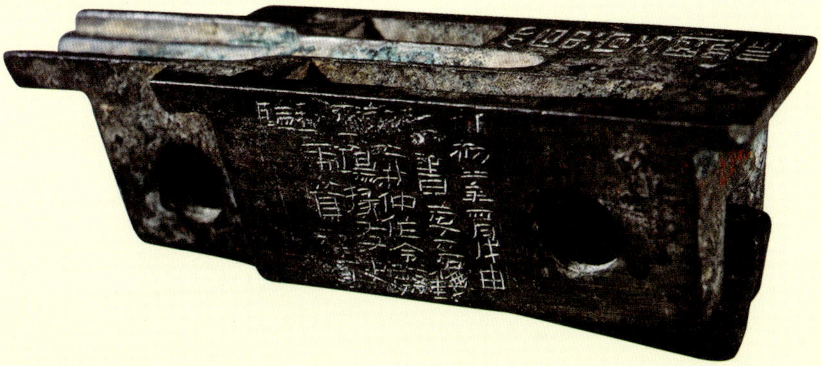

铜弩机

东汉　长13.1厘米　宽3.6厘米　高3.3厘米

甘肃省张掖市党寨乡韩家沙滩出土。
虽弩机现只存悬刀及郭，但制作精细。郭上右后部竖刻铭七字“六石中尚方监作”；郭左侧阴线刻铭三十二字“永初二年四月戊申诏书造六石鐖郭工井仲作令□工□□友史□虎首□□镒”。

青铜器

铜獬豸

东汉　高24.5厘米　长70.2厘米

甘肃省酒泉市下河清汉墓出土。
兽头压低向前冲，角向前刺，扁尾上翘，四足夸张做角斗状，身体整体呈S形弯曲状，全身铸有兽毛的纹饰。角和尾可拆卸。獬豸，是传说中的一种神兽，随葬在墓中，起镇墓辟邪的作用。

铜獬豸

东汉　长48.1厘米　高33.7厘米

甘肃省武威市雷台汉墓出土。
独角呈尖圆锥体向前，整体做低首角触状，尾呈刀扇形向后翘，身上墨线绘毛发，四足扁平伫立。獬豸为古代神话传说中的神兽，能辨是非曲直，识善恶忠奸，是勇猛、公正的象征。

青铜器

铜烤炉

东汉　直径14.2厘米　高6.8厘米

甘肃省武威市雷台汉墓出土。
烤炉分上下两层，上层应为放置食物之处，下层为搁置炭火之处。上层浅平，镂空底，三支足撑于下层，另三足斜撑于下层斜壁内侧；下层口微敞，斜壁上有四个长方形口，底有四等分的篦纹，并有三足撑地。

鎏金错银铜扣漆樽

东汉　高29厘米　口径24.3厘米

甘肃省武威市雷台汉墓出土。
直筒形器身，平底、三蹄足、有盖、夹纻胎，通体鎏金。盖为子口，口部有箍扣，中部隆起，似覆碗形凸，上有鎏金曲形捉手，下错柿蒂花纹，周围一圈浅刻青龙、白虎、朱雀、玄武四神兽，间以流云纹。器身口沿及下底均有箍，中部一圈凸起弦纹，器身上部堆成附错银铜辅首衔环。兽面蹄足敦实厚重。

青铜器

铜连枝灯

东汉　高146厘米　宽66厘米

甘肃省武威市雷台汉墓出土。
灯座为覆钵形，座面饰瑞兽纹和云气纹。整体呈树形，主干分为三段，套插而成，每段枝干衔接处置十字形托架，犹如灯树之分枝。十字托横向四出，四端各饰透雕花叶一个，叶端有小灯盏，盏沿各有桃形叶饰一个，象征火焰，干枝顶端有仙人骑鹿形花饰，最顶部一大灯盏。原有灯十三盏，现存九盏。

鎏金错银铜尊

东汉　高13.3厘米　口径24厘米

甘肃省武威市雷台汉墓出土。
尊带盖，三蹄状足，铜质鎏金错银。盖顶中心桥钮穿环，钮周柿蒂纹，外圈四瑞兽间以流云纹，盖边沿瑞兽间云纹一周。大口、折沿、平底，腹部有兽首衔环辅首一对，兽首镶嵌红、绿宝石。外腹上部饰流云纹，下部为四瑞兽间以水波流云纹。腹内底为盘龙纹，内壁为四瑞兽间忍冬纹和流云纹。制作精美，花纹流畅。

青铜器

铜龟

魏晋　长39.2厘米　宽18.6厘米
高15.3厘米　重15公斤

甘肃省敦煌市七里墩魏晋墓出土。在我国古代，龟被视为神灵之物，是福寿祥瑞的象征，故在丧葬制度中有以石龟或铜龟支垫棺柩的习俗。该墓中共出土有四只铜乌龟，分别位于棺柩的四角部位，龟呈昂首爬行状，神态悠然。眼平视，口微张，前足略短，后足用力登地，尾作锥形，龟背甲饰多种形状的多边回形纹。

鎏金错银舍利铜棺

唐　高15.7厘米　纵19.7厘米　横10.6厘米

棺为铜质，上圆下方，前高后窄，座呈长梯形，盖呈覆瓦式，盖、棺全部错金银饰对称的缠枝花纹和连续的卷草纹，棺前端中间饰一瓶内有花，其两侧有对称虎纹。做工精湛，细腻。镶金银的不同光泽相映相托，将其图案衬透得格外华美典雅。

永乐七年铜炮

明　长54.5厘米　口径11厘米

甘肃省张掖市文化馆移交。
铜炮呈长管竹节形，分前膛、火药室、尾銎三部分。前膛呈竹节状，火药室弧形微凸，剖面呈椭圆形，尾銎中空。外壁阴刻有铭文“奇字壹千玖佰叁拾叁號　永樂柒年玖月日造”，共两行十八字。

木漆器

木器、漆器在中国古代应该是比较兴盛的，但因木材是有机质，故不易保存下来。甘肃地处我国干旱地域，因而保存了大量汉代、魏晋时期的人物、动物木雕和竹木简牍等珍贵文物。

甘肃汉晋木雕的突出艺术特征是简洁朴拙，具有奔放粗犷、雄浑刚健的艺术张力；出土简牍的特点是数量大，内容丰富，为研究古代文书、书法、边疆地区巩固与开发等提供了前所未有的资料。

木漆器

木牛车

汉 牛：长35.7厘米 宽7.1厘米 高21厘米 车：长67厘米 宽24.9厘米 高24.5厘米

甘肃省武威市磨嘴子汉墓出土。

汉代明器。由牛、车两件组成，木牛雕刻粗犷，牛身与蹄、腿、耳、尾分别雕刻后组合而成。全身绘以墨彩，上以白彩绘以眼、鼻、口等五官，尖直的长角斜上伸出，小耳两侧平展，四肢直立，尾下垂贴臀。车为松木本色，木板做轸和牴，牴高耸，木车高轮长辕，是河西走廊特有的车辆样式，在沙漠戈壁上行进时，平稳轻巧，不至于深陷停滞不前，在历史上曾对人们的生产、生活发挥过积极作用。

彩绘木鸡

汉　高7.5厘米　长13.2厘米

甘肃省武威市磨嘴子汉墓出土。
汉代明器。两只木鸡伏卧，均用厚木板削成，公鸡、母鸡各一只，两只鸡均以白彩涂底，再以黑、红双彩描绘出头部轮廓及眼睛和羽毛。两只木鸡仅削出大概轮廓，以简捷的刀法雕刻而成，线条虽简单，但朴素生动、栩栩如生。

木漆器

彩绘木马

汉　高81.5厘米　长71.3厘米　宽18.9厘米

甘肃省武威市磨嘴子汉墓出土。
汉代明器。木马通体黑彩，凸睛张嘴，尾后举下弯，刻出鞍，以红、白彩绘，附条状铜当卢、镳衔；整个木马由头、颈、身躯、四肢、尾几块分别雕成，然后粘接组合而成。凉州为河西走廊重镇，在汉代设置了最大的军马场，在这里培育繁殖了众多的良马。武威出土的木马就是按照良马的模式雕刻而成，形神兼备，栩栩如生。

彩绘木鸠杖

汉　杖：长196.5厘米　鸠：高9.7厘米　长21.2厘米

甘肃省武威市磨嘴子汉墓出土。
汉代重孝尊老，故有“七十赐王杖”之制，并颁布一系列的优抚政策。王杖俗称鸠杖，皆因杖首安装有圆雕鸠鸟形象。这件木鸠杖，鸠身以白粉作底，以黑、红二彩绘出羽毛。雕工简洁熟练，形象逼真生动。鸠腹下有圆卵眼以纳杖。杖杆粗细均匀，光滑结实，鸠鸟横卧于杖端，口含食粒。鸠杖体现了汉代政府的尊老制度，反映了当时的社会面貌和民风民俗。

彩绘木鸡栖架

汉　高18厘米　长10厘米

甘肃省武威市磨嘴子汉墓出土。
汉代明器。此件木雕底部用两块木板组成十字架，中间以木棍支撑，上搭一片木板，三只木鸡栖息于上。三只木鸡身躯纯为一块木板，只削刻出头和尾，并以墨线绘出嘴、眼、羽毛。由于经过了一番彩绘线描，从而使呆板的木鸡顿然有了羽毛丰满的感觉。这是汉代木雕的又一特征，彩绘与形体有机结合的实例。

木漆器

彩绘木马

汉　长72厘米　高87厘米

甘肃省武威市磨嘴子汉墓出土。
汉代盛行厚葬，贵族墓葬中多陪葬有大量明器。木马形体高大，头、颈、身、腿、尾等各主要部位分别用松木雕刻而成，再对接黏接为一体。木马身躯雄壮，张嘴嘶鸣，四足直立，做伫立状，通体涂黑色，以白色绘眼、唇、牙等部位。马鞍以白粉涂底，上以黑色勾画出云气纹。这件木雕作品雕刻精美，工匠对木雕工艺技巧掌握得很娴熟，虚实结合、刚柔并济，令观赏者一睹汉代木雕之风采。

木牛拉犁

汉　牛：高23.5厘米　长29.5厘米　宽8.6厘米　犁：高16.6厘米
长35.6厘米　宽2.7厘米

甘肃省武威市磨嘴子汉墓出土。
牛通体黑彩，白彩勾绘眼及络头，双角弯扬，硕颈屈背，四足蹬地。犁由犁、辕、扶手等三部分组成，辕较长，铧头宽大，墨绘。犁与辕之间有支撑，卯眼套合。

木漆器

彩绘木猴

汉　高32.5厘米　宽17.3厘米

甘肃省武威市磨嘴子汉墓出土。
木猴全身以白彩作底，猴身施黑、白、红三彩，现已大部脱落。呈蜷缩、蹲卧状。工匠以简洁明快的运刀风格，刀路粗犷酣畅，然而却准确到位，只是削出大概轮廓，后期再局部略作修饰，保留刀锋过处留下的木棱，线条刚劲清晰，雕刻出的形象鲜活生动，既形似、又传神，成为汉代木雕工艺手法中的一绝。

木牛车

汉　牛：高21厘米　长35.7厘米　宽7.1厘米
车：高24.5厘米　长67厘米　宽24.9厘米

甘肃省武威市磨嘴子汉墓出土。
汉代明器。由牛、车两件组成，牛通体呈黑色，尖直的长角斜上伸出，小耳两侧平展，四肢直立。眼睛、鼻子用十分醒目的白色线描摹。车为松木本色，木板做辕和軏，軏高耸，两轮巨大，车轮尚能转动，这种高轮车是古代河西走廊乃至西域特有的样式。

木漆器

彩绘木羊群

汉　长18厘米　高12.7厘米

甘肃省武威市磨嘴子汉墓出土。
甘肃独特的干燥气候和地理环境，为漆木器的保存提供了良好的适宜环境。大量木器的出土，种类多样，性能各异，直接反映了当时的社会面貌和民俗民风。这组群雕，由5只木羊组成，均以简单的刀法削刻出羊的基本形态。整个羊群四肢直立，均通体涂白彩，以黑彩绘耳、眼、口、鼻、尾等，雕刻简洁，造型生动。

彩绘木舞俑

汉　高26.7厘米　宽4.9厘米

甘肃省武威市磨嘴子汉墓出土。木俑全身涂白彩，头束发作高髻，身着长袖袍服；木俑身体向右倾斜，右手放于胸前，左手上举。头侧向，做舞蹈状。整件器物以简洁的刀法雕刻而成，形象生动写实。

木漆器

彩绘木卧犬

汉　高7.3厘米　长18.2厘米

甘肃省武威市磨嘴子汉墓出土。
木狗呈卧姿，双耳直立，头左转，张嘴，双目圆睁以墨线勾画，全身涂白彩，以红彩点睛；腹部着地，两前腿俯地前伸，两后腿曲卧，大尾下垂至地。汉代木雕中动物俑造型精巧，形神兼备。古代匠人运用静中求动的手法，以简练的刀法，将一只圆睁双目注视前方，双耳机警倾听四周，一旦发现异常将会像弓箭一样弹射而起、扑向敌人的木狗刻画得如此生动传神，真可谓独具匠心，不同凡响。

彩绘木独角兽

汉　长73厘米　宽9.1厘米　高31厘米

甘肃省武威市磨嘴子汉墓出土。
独角兽分体制作身体、角、尾、四肢等部件，然后黏合而成。身绘红、黑彩，角和尾用黑、红彩绘出纹饰，眼珠为黑彩，外以红色勾眶。四蹄均涂黑，右前腿弯曲抬起，三足直立支撑，尾部上翘，颈部弯曲，一角前伸，整个身体前行做冲刺的动作。整件器物身体造型简单，四肢动作变化生动，具有威猛的气势。古人将其放置于墓门旁，作为镇墓兽起辟邪作用。

木漆器

木鹅群

汉　高3～4.1厘米　长2.3～3厘米

甘肃省武威市磨嘴子汉墓出土。

这组木雕鹅群共有12只，身上以墨线绘出羽毛，大小、姿态各不相同。有的向前伸颈、有的回头张望、有的静卧于水中，造型简洁，生动逼真。工匠以简练的雕刻技法，在一块块木头上雕刻出形态各异的木鹅，使人眼前立刻呈现出，在静静的水面上，一群小鹅在嬉戏的祥和画面。

木舞俑

汉　高16.3厘米　宽6.2厘米

甘肃省武威市磨嘴子汉墓出土。
木俑以白粉作底，现已脱落，黑、红色彩绘五官和衣服领缘。两件木俑头部均束发作高髻，身着长袖袍服，一臂放于胸前，另一臂向上平伸，头侧向，两两相望，翩翩起舞。工匠以简练的刀法，只雕刻出大概的轮廓，却在人们眼前呈现出一幅形象生动的舞蹈场面。

木漆器

彩绘木独角兽

汉　高35厘米　长93.7厘米

甘肃省武威市磨嘴子汉墓出土。
独角兽分体制作身、角、尾、足等部件，然后黏合而成。通体以白彩涂底，用红、黑彩绘出花纹。后腿蹬地强劲，前腿外斜支撑；尾部弯曲上扬；颈部弯曲至胸前，一角前伸，做一触即发前行冲刺状。身体造型厚实，头、角、颈、背、尾高低起伏，错落有致。独角兽又名獬豸，是传说中的一种神兽，能辨是非曲直，伸张正义，抵御邪佞，古人将其放置于墓门旁，作为镇墓兽起辟邪作用，希望它能保卫墓主人的安宁。

彩绘凤鸟纹木几案

汉　长54厘米　宽39厘米　高25厘米

甘肃省武威市磨嘴子汉墓出土。
几呈长方形，由两块木板拼成，几面系铲挖，边沿凸起。背面有两条衬，衬上粘四腿。几面涂黑彩，中心用红彩圈出一长方形框，中以白彩作地，内边勾黑线，用墨线绘一朱雀，中填红彩。背面穿衬间以墨线勾绘出朱雀、乌鸦、大雁及小动物各一只，并在朱雀前绘有云气纹。

木漆器

漆木栻盘

汉　地盘边长9.6厘米　天盘直径6厘米　厚1厘米

甘肃省武威市磨嘴子汉墓出土。
战国时期，日渐昌盛的阴阳五行观念和八卦学说，与天王星象学相结合，形成了一套选择时日、预测凶吉的占卜体系。汉代占卜风习空前流行，发展为一种具有广泛社会影响的民俗文化。这种占卜，须用一种称作“栻盘”的法器。栻盘为木胎髹漆，呈深褐色。按古人“天圆地方”的观念，由圆形的天盘和方形的地盘组成，中心以竹轴相连接，可转动。天盘上刻有北斗七星和二十八星宿，地盘上刻字两层，还刻有代表周天度数的182个原点刻度。该栻盘为研究天文、历法提供了重要的实物资料。

漆葫芦

汉　高8.2厘米　宽5.8厘米

甘肃省武威市磨嘴子汉墓出土。

葫芦整体以黑、红漆绘成，口部以红漆绘出；颈部以红漆绘有一周三角形纹饰；腹部为三道弦纹，在一、二道弦纹中有斜线纹。葫芦口部穿有黄色丝线，漆葫芦保存完好，腹内还存有若干的葫芦籽。

木漆器

彩绘木六博俑

西汉　棋盘长29.2厘米　宽19.3厘米　两木俑：分别高27.5厘米　28.5厘米

1972年于甘肃省武威市磨嘴子汉墓出土。

棋盘上满涂黑彩，并以白彩绘出四维八道的博局线路图案。以简洁明快的艺术造型，刻画了两个老者生动表情、惟妙惟肖的全神贯注博弈的场面。他们均为蹲坐着的束髻蓄须，着右衽黑白宽条纹长袍，腰系以带。一老叟右臂前伸，目光平视前方，他们似在向对弈者说请开始吧；另一老叟左臂斜向下伸，左手拇指与食指持长方形棋子，欲落子于棋盘之上。该套木六博俑是现保存完好的汉代木雕，而且以表现生活情景的人物木雕为主题，堪称汉代木雕中的艺术精品。

木轺车

汉　高97厘米　长120厘米

1972年于甘肃省武威市磨嘴子汉墓出土。
彩绘铜饰木质轺车马一组，包括车、马、御奴共三件。车由车舆、轮、辕、槽、伞盖等部分组成。御奴跪坐做双手持缰状，马呈昂首睨视状。根据汉代制度，车的样式标志墓主人为六百石至千石的官吏。这件大型组合木雕是迄今发现的汉代最大的木雕作品。

木漆器

王杖诏令简

东汉　长23.2～23.3厘米　宽1厘米

1959年于甘肃省武威市磨嘴子18号汉墓出土。木简共10枚，史学界称之为“王杖十简”。出土时简次已乱，背面都有编号，今见“第一”至“第廿七”，中间缺“第十五”，简次顺序明确，内容记东汉永平十五年（公元72年）幼伯受王杖事，并录西汉建始二年（公元前31年）九月“年七十受王杖”的诏书目和河平元年（公元前28年）殴走王杖主当弃市的令。上述诏令涉及对高年鳏寡残疾人的优抚，是研究汉代养老制度的重要资料。

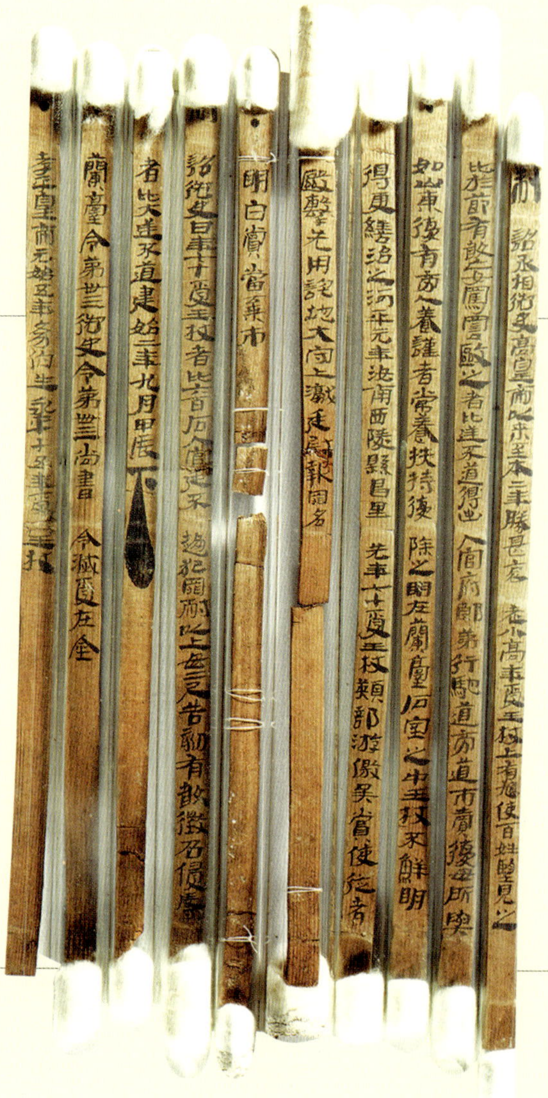

《仪礼》木简

东汉　纵35~56厘米　宽0.8厘米　厚0.28厘米

1959年于甘肃省武威市磨嘴子汉墓出土。
《仪礼》简是现存最早的关于礼仪的典籍。共469枚简，其他日忌杂占简11枚，27298字。这批汉简，除少数竹简以外，绝大部分是木简，用松木制成，用汉隶书写成。共三本，甲本木简398枚，内容包括《士相见》《服传》《特牲》《少牢》《有司》《燕礼》《泰射》7篇。乙本木简37枚，内容仅《服传》一篇。丙本竹简34枚，内容仅《丧服》一篇。这是目前所见《仪礼》的最古写本，在版本校勘上有很高的价值。该简册书写已摆脱了篆书框架，笔势流畅，工整秀丽，是汉代墨写隶书的上品，被当今书法家奉为奇珍异宝，也是研究书法艺术的第一手资料。

木漆器

医药木简

东汉早期　长23~23.4厘米　宽0.5~1厘米

1972年于甘肃省武威市旱滩坡汉墓出土。
木简均留有三道编绳的痕迹。系单行隶书书写，每行20~40字不等，可分两类。第一类简宽1厘米，简侧有锲口，共存41枚，多呈黑褐色，残朽较甚。第二类简宽0.5厘米，无锲口，计37枚，为浅黄色。简文内容有医治内科、外科、妇科、五官科的医方及针灸方面的刺疗记录。

医药木牍

东汉早期 长22.7～23.9厘米 厚0.2～0.6厘米

1972年于甘肃省武威市旱滩坡汉墓出土。

计木简78枚，出土木牍14枚。简牍内容涉及临床医学、药物学、针灸学等。临床医学方面，有对疾病症状的描述和病名、病因、病理的记载以及治疗方剂。方剂有“治伤寒逐风方”“治久咳逆上气汤方”“治金创止痛方”“治妇人膏药方”“治目痛方”等30多种，涉及内科、外科、妇科、五官科、针灸科等。药物学方面，列举了100多种植物、矿物药，并且详尽地记载了这些药物的制作、剂型及用药方法等。针灸学方面记载了三里、肺输、泉水等穴位及用针方法、禁忌等。这些医药简牍是研究中国古代医学，特别是汉代医药学的重要资料。

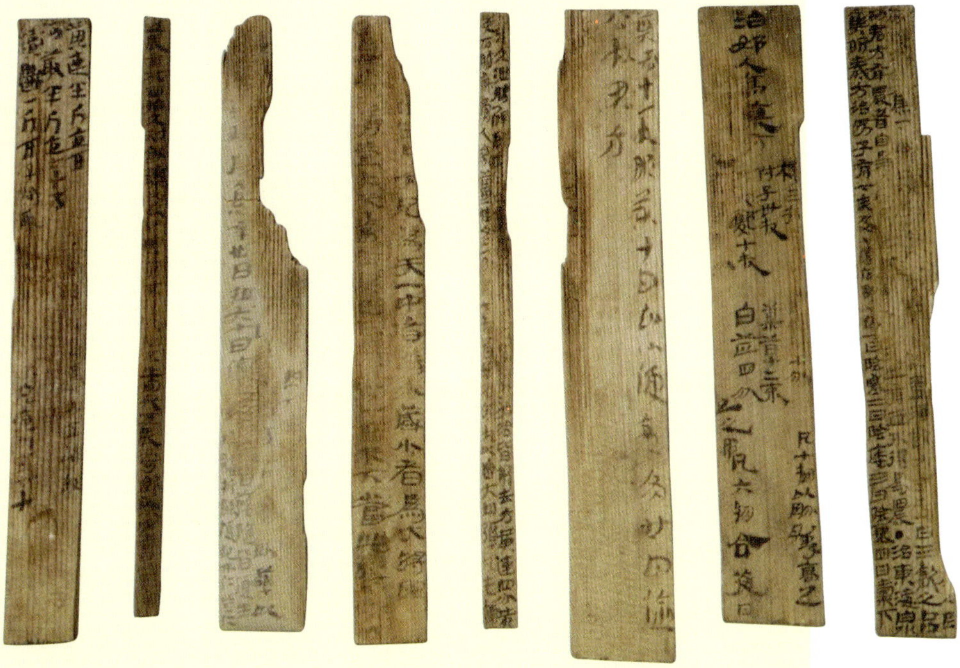

木漆器

苣

汉　长245厘米

出自汉代的烽燧遗址。
由芦苇捆扎而成，是匈奴扰边时传递军情时所用烽火的一种，多在夜间使用。苣的规格有大、中、小三种类型，与“表”“蓬”“积薪”组合使用，以表达不同含义的敌情。快速、准确地传递烽火为汉塞的安全提供了保障。

“白马作”毛笔

汉　长21.9厘米　直径0.6厘米　笔尖长0.6厘米

1972年于甘肃省武威市磨嘴子出土。
“白马作”毛笔长约合汉尺一尺，与《论衡》所谓“一尺之笔”相合。笔杆为竹制，端直均匀，中空，浅褐色，笔杆上刻有隶书“白马作”三字，包笔头处稍有收分，笔杆前端扎丝线髹漆。笔芯及锋呈黑紫色，外覆黄褐色狼毫，体现了当时制作刻勒工名的手工业管理制度。“白马作”笔是目前考古发现的最精良的汉笔，可视为汉笔的代表作。

木转射

东汉　长45厘米　宽43厘米
厚6.5厘米

居延甲渠侯官遗址出土。
由四段圆木组成“Ⅱ”，在现竖立的圆木间有一中空的圆木，此木可左右转动120度角。转射嵌于障塞中坞顶的女墙中，既可作观察敌情的瞭望口，又可为向外射击的射击口。

捕兽夹

汉　直径16厘米

麻绳绑扎成一圆环，环内有十根（另有一根残断）顶端尖锐的细木棍攒至圆环中心。是用来捕捉黄羊一类的小型野生动物的狩猎工具，为汉代河西地区的戍边将士所用。

木漆器

彩绘木塔

五代　高68厘米

甘肃省安西县榆林窟出土。

此件木塔为五代时佛教用品。塔呈八角形，攒尖顶，塔顶及塔身每面彩绘菩萨三身。每个转角梁上插一木牌，上有彩绘菩萨一身，菩萨均结跏趺坐，各持摩尼珠、法螺、金刚杵、斧、剑等法器。据记载出土时塔内装有银塔一座（现已不知下落），上刻“于阗国大师从德”字样，由此可知此塔可能是于阗国给沙洲国曹氏政权的奉品，是研究西域与沙洲地区交往的重要资料。

木屋

元　高74.8厘米　长180.5厘米　宽55.7厘米

甘肃省漳县汪世显家族墓出土。

木屋出土时置于北棺盖上，东西向顺放。木屋为七间歇山顶，屋顶两面坡比较平缓，顶表以墨线绘出宽条瓦楞。角脊头端雕为云头形，昂嘴做劈竹状。正、背屋门均作悬牙雕刻。南面当中间作壶门，门上绘有两立侍女。北面当中间作壶门，上绘有两立侍女。东门内另插有一木板，上绘垂帐檐下端坐一老妇人，可能为墓主人。这件木屋模型，制作虽简单，却为研究元代木构建筑提供了重要的实物资料。

木漆器

漆托盏

元　高10.4厘米　宽20.9厘米
口径10.7厘米

甘肃省漳县汪世显家族墓出土。漆托盏出土时为一对。整个托盏髹红色漆，盏内和托的圈足内髹黑褐色漆。上盏下托，中部为荷叶状托盏，碗内无底，全形似茶托状，外撇圈足，敛口。托底圈足内一周书写有“娇，壹様贰拾伍雙，大德贰年五月日造”铭文。

佉卢文木简

3—4世纪　长21.3厘米

新疆维吾尔自治区安的尔古城采集。
佉卢文为新疆丝绸之路南路的西域鄯善、于阗诸国使用的一种古文字。木简为一长条形，两端边沿凸起，中间凹下削平。在这根木简上用佉卢文记载着一份法律判决书，判决了一些女奴归属州长们役使，并可抵押、出售和馈赠他人。

“龙王进宝图”剔红盒

明　直径16.1厘米

甘肃省漳县出土。
所谓“剔红”是将调好的色漆涂于底胎（木质或铜质等）上，髹漆少则九十道，多至一二百道，达到所需厚度，趁未干透时描上画稿并加以雕镂，纹样具有浮雕效果，然后再烘干、磨光。因漆色多为鲜艳的朱漆，故又名剔红。根据漆色、工序的不同，可分为剔黑、剔彩、剔犀等品类。相传始于唐代，宋元时期技法成熟，发展至明清时颇为流行。
这件漆盒呈圆形，由盖、底两部分组成，盒面均有纹饰，呈暗红色。盒盖雕有“龙王进宝”图案，盒盖内有“云南大理卫”墨书款记。大理卫为明初的军队建置。这件明初剔红盒的出土，填补了这一时期剔红漆器实物资料的空白。漆盒雕刻华美精细，凝重大方，是明代少有的刻有神话人物图案的剔红精品。

杂项器物

中国文物丰富多彩，不但数量多，而且品类全。除文物中的大类如青铜、陶瓷、书画等之外，其余可概括称为杂项。杂项文物虽不如大类文物蔚为大观，大部分是小器，但一器之微，往往穷工极巧，考工考史，源远流长，既有独特的用途，又同样蕴含着丰富的内容。特别是由于质地的不同，许多杂项文物因其独特的质地美，反映出其他大类器无法替代的韵致与美感。

甘肃的杂项文物极富地域特色，各类杂项文物绚丽多彩，琳琅满目，珠玑之光，交辉互映，是甘肃古代手工制造业的发达和能工巧匠智慧的体现。

杂项器物

石雕人面像

马家窑文化马厂类型　高3.9厘米　宽2.5厘米　厚0.8厘米

甘肃省永昌县鸳鸯池出土。
此件石雕作品用白色带褐斑的白云石料磨制而成，大致呈椭圆形。眼、鼻孔和嘴的制作，采用二次合成工艺，即先在磨光的石面上雕出浅槽，然后在浅槽中镶嵌骨饰，眼圈镶以白色骨环，眼球嵌以黑色骨珠，鼻梁以凸雕技法显示，鼻孔与口轮和眼圈一样镶以大小不同的骨环。头顶部钻有一小孔，为穿系佩戴之用。此件石雕人面像出土时放置于死者的左臂，其双臂皆配有骨牙、石质饰件。

石臂筒

马家窑文化马厂类型　高9.5厘米　外径7.5厘米　内径5.7厘米

甘肃省积石山县出土。
石臂筒正圆筒形，两端等大，石质坚硬，牙白色，筒上分布有黄褐色斑点，由一块整石琢磨而成，表面平整但不光滑。两端各有成对两组穿孔用以系绳连接，从而表明此臂筒非明器。石筒确系套在臂上使用，应为一种狩猎时佩戴的狩猎工具，乃死者生前经常佩戴之物。这件器物是马厂类型的文化遗存。

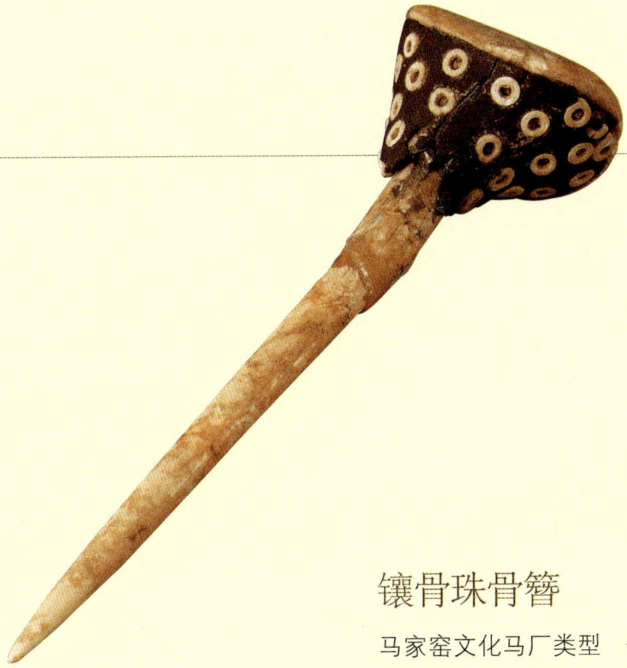

镶骨珠骨簪

马家窑文化马厂类型　长10.7厘米　簪首径3厘米

甘肃省永昌县鸳鸯池出土。
为束发绾簪的装饰品。这件骨簪用一块完整的动物骨骼制成，呈圆锥体。顶端粘贴一白色圆骨片，柄部周围堆加一层黑色的树胶类物质，周身镶嵌36颗白色骨环，排列疏密得当，排列有致，显示出精湛的工艺水平。白色骨环和黑色树胶类物质构成黑白相配，令人赏心悦目。为原始社会骨簪中的精品之作。

杂项器物

球形石权杖头

四坝文化　高5.6厘米　宽6.9厘米　孔径2.3厘米

甘肃省玉门市火烧沟出土。
出土时置于墓主人右手中，同墓的随葬品较丰富，表明墓主人拥有特殊的身份。石权杖头呈梨形，上大下小，中心有钻孔，用于纳柄（原有木杖已朽，柄为今配）。

绿松石项链

齐家文化　高3.9厘米　宽2.5厘米　厚0.8厘米

甘肃省积石山县新庄坪出土。
齐家文化是新石器时代晚期我国西北地区分布最广、影响最大的一支史前文化，甘肃中部和东部是其中心区域。这串项链，由171粒大小不一的绿松石组成，石珠形状不规整，中穿孔，用以穿系。由于原穿绳已朽，故穿系方式不明。石珠颜色深浅不一，大部分呈天青色，质坚如瓷，虽经千年土蚀，仍不失其柔亮光彩。

线刻射猎纹骨管

春秋　高7.6厘米　直径4.6厘米

骨管一端平齐，一端斜削，内部掏空，只留薄而均整的表层骨质。筒面以细密的线条刻绘武士射猎图。一武士侧身挽弓，似在射一飞鸟；一武士挽弓射兽，两端以连续对三角纹为装饰带。构图风格、线雕技法以及人物形象，都与华夏工艺迥然不同，当来自异域，或为异域文化影响下的作品。

杂项器物

云纹圭形金饰片

春秋　纵13.4厘米　横7.1厘米

甘肃省礼县大堡子山出土。
片状，三边平直，一端为圆弧状，似圭形。中部起纵向凸棱一条，并以此为中轴，在两侧锤揲出对称的简洁云纹，上下各两组；金片正面残存有大量的朱砂痕迹。
窄端为两斜边构成的大钝角，呈玉器中的圭形，但圭首不甚规整。片中部凸起纵向微棱，以中棱为轴，用冲压法对饰两组云纹。金片正面涂有朱砂，残存十分明显。在某些随葬品上涂抹朱砂，是秦人墓葬中多见现象。

对鸟纹金饰片

春秋　高6.2厘米　宽5.9厘米

甘肃省清水县刘坪出土。
系薄金片锤揲成形，镂空，四角有钉孔。鸟头双双相对，是一个完整的四方连续图案。鸟喙呈钩状，颈部饰羽纹两道。鸟形纹样是鄂尔多斯式动物纹的重要母题之一，特别是春秋晚期至战国早中期，图案化的鸟纹是一种最常见的表现手法。一般只刻画头部，而且鸟喙为钩状，弯曲略呈环状。这种以鹰鹫为主题，尤其突出表现其钩状喙的典型手法，是受鄂尔多斯青铜牌饰的影响。但四方连续纹样，又存在周人青铜纹饰对称构思的痕迹。

盘龙纹金饰片

春秋　高4.6厘米　宽5.5厘米

甘肃省清水县刘坪出土。
系薄金片锤揲呈蝶形，两条龙交叉盘绕，龙首一侧饰两条小龙，龙尾一侧饰一对小虎，做咬噬龙尾状，龙身饰连珠纹，上部边缘有钉孔二，下部边缘有钉孔一个。动物纠结的纹样在鄂尔多斯很常见，但基本以写实形态出现，而且龙头的造型多似鹿。此金饰片的龙头图案化十分明显，并且龙头与中原地区的龙头表现方法基本一致，应是中原文化、秦文化和鄂尔多斯青铜文化共同影响下的产物。

杂项器物

鳞羽形金饰片

春秋　纵11.7厘米　横8.65厘米

甘肃省礼县大堡子山出土。
长方形鳞片状，三边近平直，另一条略呈弧形且中部起一个三角形尖，与之相对的平边一端不封闭的口唇纹，片内以冲压技法做纹饰。内饰两周与金片轮廓平行相似，但一端不封闭的口唇纹，内饰两组重环式口唇纹，似一“宫”字。一角残存有朱砂痕迹，可能是棺椁饰片。其质纯正，纹饰锤揲工艺熟练，说明春秋秦国的金属冶炼加工已经达到了相当高的水平。

竖线纹鳞形金饰片

春秋　纵4.55厘米　横1.1厘米

甘肃省礼县大堡子山出土。
长条状，三边近平直，另一条略呈弧形且中部起一个三角形尖，与之相对的平边有两钉孔。中部起纵向凸棱二条，金片正面残存有大量的朱砂痕迹，可能是棺椁饰片。

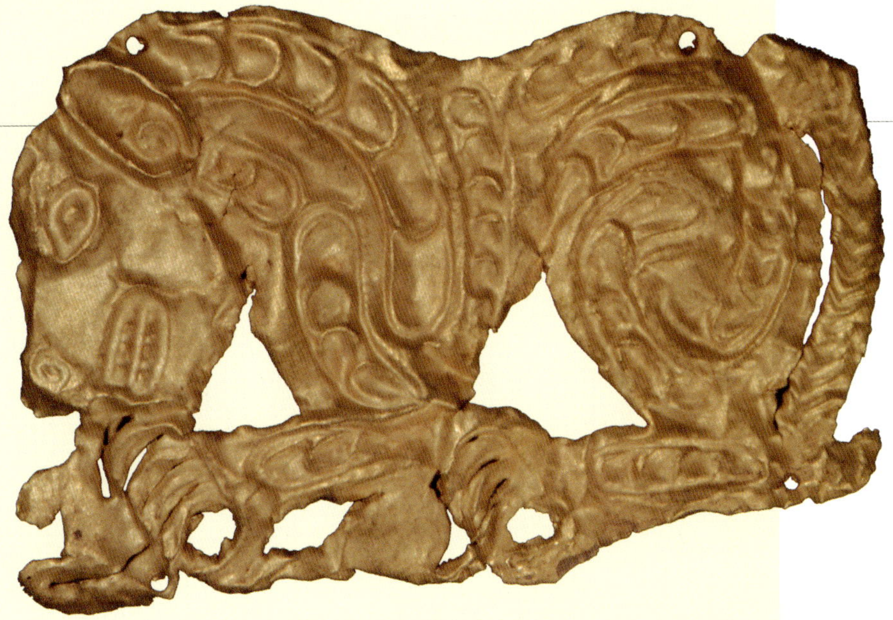

虎噬羊纹金饰片

春秋　纵5.5厘米　横8.4厘米

甘肃省清水县刘坪出土。
从工艺技法上采用常见的锤揲法，在薄金片的背面錾刻虎形，正面隆起，边缘剪切，部分镂空。虎呈蹲踞状，眼、鼻、耳、嘴、齿、爪都十分清楚，虎张嘴，伸钩状前爪抓住一小动物，从头部形状及蹄足判定为羊。虎身装饰连环纹，具有很强的立体感，虎尾饰“〈〈〈”形纹，四角有钉孔。猛兽捕咬家畜的构思受鄂尔多斯式青铜牌饰题材的影响。虎爪呈钩状爪，尾部饰“〈〈〈”形纹，这和礼县秦公大墓出土的金虎身上以朱砂描绘的许多“〈〈〈”形纹样如出一辙，应与秦文化有直接的渊源关系。

杂项器物

双鸟头形金饰片

春秋　长5.6厘米　宽2.7厘米

甘肃省礼县大堡子山出土。
系薄金片锤揲成形，镂空，二角有钉孔。鸟头相对，是一个完整的对称图案。鸟喙呈钩状，颈部饰羽纹两道。鸟形纹样是鄂尔多斯式动物纹的重要母题之一，特别是春秋晚期至战国早中期，图案化的鸟纹是一种最常见的表现手法。一般只刻画头部，而且鸟喙为钩状，弯曲略呈环状。这种以鹰鹫为主题，尤其突出表现其钩状喙的典型手法，是受鄂尔多斯青铜牌饰的影响。

鸱鸟形金饰片

春秋　长42.7厘米　宽34.03厘米　重740克

饰片由金箔裁剪成鸱鸟形状，眼、喙、足、尾俱全。突出鸱鸟喙尖、目圆的主要特征，并以周身锤揲的变体窃曲纹以象征鸟的羽毛。因纹饰富于变化，锤揲的工艺又使鸱鸟有凸有凹，颇有立体的效果。饰片体型硕大，质地纯正，制作精美，具有很高的历史价值和艺术价值。

杂项器物

“魏归义氐侯”金印

魏晋　印面纵2.25厘米　横2.25厘米　高2.5厘米

印为金质，驼钮，上用点法镌刻出动物毛纹。印面正方，印文阴刻小篆“魏归义氐侯”五字。氐是生活在甘肃、青海、四川的古老民族，部落内由王侯相统领，从汉武帝开河西，置武都，到魏晋时期，氐、羌族首领多受中央王朝的拜封。目前存世的魏晋时期氐、羌族下级官吏的印章有一定的数量，而王侯印章较少，尤因曹魏时间短促，颁赐给少数民族王侯的金印极为罕见。

“晋归义氐王”金印

西晋　长2.3厘米　宽2.3厘米　高3厘米

印为金质，驼钮，上用点法镌刻出动物毛纹。印面正方，印文阴刻小篆“晋归义氐王”五字。氐是生活在甘肃、青海、四川的古老民族，部落内由王侯相统领，从汉武帝开河西，置武都，到魏晋时期，氐、羌族首领多受中央王朝的拜封。

杂项器物

“晋归义羌侯”金印

西晋　长2.3厘米　宽2.3厘米　高3厘米

印为金质，驼钮，上用点法镌刻出动物毛纹。印面正方，印文阴刻小篆“晋归义羌侯”五字。羌是生活在甘肃、青海、四川的古老民族，部落内由王侯相统领，从汉武帝开河西，置武都，到魏晋时期，氏、羌族首领多受中央王朝的拜封。

鹿纹金饰片

吐蕃　长9.2厘米　宽4.2厘米

整体似刀刃端部分的样子，周围有向下的包边。表面图案是上、下两只相向回首的长角鹿，不同的是，上面的鹿带有张开的双翅。两鹿之间是卷曲的花草纹样。饰片纹样既有中亚、西亚地区流行的翼兽，又有唐代流行的卷草纹样，显示出吐蕃文化中对不同地区文化的吸收与融合。饰片边沿上有等距离的钉孔，表明是包在器物表面用于装饰的。

杂项器物

花卉纹金杏叶

吐蕃　长9.2厘米　宽7.3厘米

整体呈桃形，表面为浅浮雕效果的卷草包围的花卉图案，中间花心处镶嵌绿松石两颗，顶部有小环，背面有支钉5个。杏叶是用来装饰马的饰品之一，可悬于马额前、鼻端和两颊上而装饰马面，还可多个垂于鞦带的横带上装饰马身。

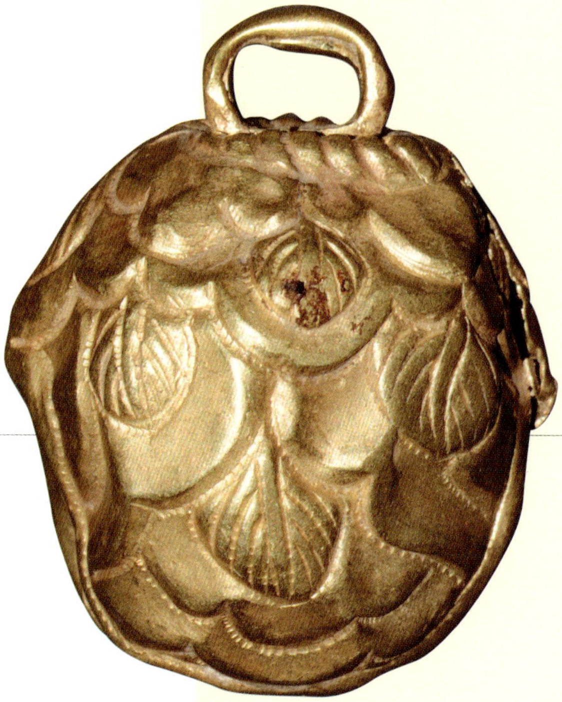

花叶纹金璩

吐蕃　直径2.5厘米

球形，顶部有一系，下部有开口，表面饰花叶纹。璩略有变形，但纹饰华美，有浅浮雕般的立体感。

兽面纹金带饰

吐蕃　共13个　每个长约3.5厘米　宽约3.3厘米

近方形，似盝顶状。表面錾刻兽面纹，兽浓眉上翘，双颊丰硕，似雄狮的形象。四面斜坡錾刻花叶纹一周共12朵。

花叶纹金饰

吐蕃　长25.2厘米　宽7厘米

金片锤揲成近长圆形，整体凸起，一侧边沿波折不齐，其上排列有密集的圆孔。表面饰鱼子地缠枝莲纹。饰品纹样繁密饱满、制作精美细致，只是对其用途还有待研究。

杂项器物

金棺、银椁、铜匣、舍利及石函

唐　长50.5厘米　宽49.5厘米　高42.5厘米

1964年于甘肃省泾川大云寺遗址出土。
出土时由石函、铜匣、银椁、金棺和玻璃舍利瓶5件组成，由大小相隔套装在一起。最外层的石函由坚硬的大理石整石凿刻而成，方形覆斗顶，顶上正中阴刻方格，格内阴刻隶书“大周泾川大云寺舍利之函总一十四粒”，边沿二周饰忍冬缠枝花纹。棺身厚壁方体中空，周身全部阴刻规整方格并在其内用楷书阴刻文字。铜匣鎏金，盖正中镶银质莲花及桃形珍珠，匣身及盖饰对称的忍冬花。背面有银质合页连接，正面有长形银扣及二鼻扣，上挂鎏金铜锁，附铜钥可开启。银椁，上圆下方，前高后窄，座呈长梯形，四角雕镶栏干，盖呈覆瓦式，椁两侧前后各镶一圆环。身盖满饰对称的忍冬缠枝花纹。金棺，形与银椁同，无环。棺前两则及盖上各镶嵌一珍珠，并饰金片、莲瓣。在其四周又饰以金片组成的莲蒂、叶，点缀宝石，金碧辉煌，光彩夺目。金棺内置白色琉璃瓶，瓶小口、长直颈、圆腹、圜底，瓶内装14颗形如米粒的舍利子。这组精美的器物反映了当时佛教的繁盛。

杂项器物

贵霜金币

贵霜王朝（公元1—5世纪）　直径1.9厘米　重7克

圆形，不太规整。一面为一男子像，男子身着长衣，侧面，呈站立状。另一面为一女子像，女子左手执物，长裙曳地，坐于座上。属贵霜晚期的钱币。贵霜金币是古代丝绸之路具有重要历史价值的一种钱币，在中国境内发现较少。

鎏金银冠

辽　通高28.4厘米　冠径19.2厘米

银质鎏金，高筒形，圆顶，冠体由四片鱼网状花瓣形银片拼合成圆筒形，冠正面正中錾刻摩羯纹，两边为两只长尾凤鸟正展翅飞翔。冠上还錾刻折枝菊花、如意云头纹等纹样。冠顶正中有穿孔，缀饰一金翅大鸟，鸟双足踏于莲花座上，巨尾高高翘起，展翅欲飞。冠华贵精美，在辽代金银器中亦属罕见。

织金锦抹胸

元　长26厘米　宽30厘米

甘肃省漳县汪世显家族墓出土。
抹胸形似背心，为内外两层。表层为色彩亮丽的菱格宝相花纹黄地织金锦，衬里为褐色的麻织品。前面开襟，有9个黑色盘花纽扣，纽扣横置，排列整齐。背后由两条棕色相交叉的布带联结，另有两条下垂的丝带。所谓织金锦（蒙古语谓“纳石失”），是元代上层社会特别崇尚的一种高级丝织品，在制作时把极薄的金箔捻成金丝，再同丝线交织在一起，并用提花技术织出各种纹样图案。这种以织金锦制作的抹胸目前在国内仅此一件。

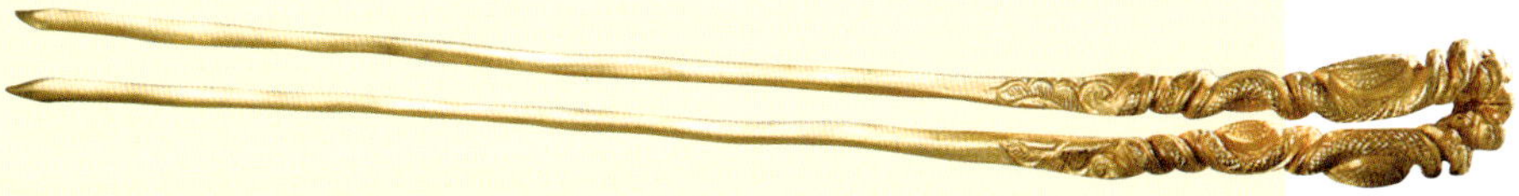

二龙戏珠金钗

元　长14厘米　重25.2克

甘肃省漳县汪世显家族墓出土。
双股，钗尾两端较尖锐，钗头錾刻双龙戏珠。龙身系多次扭转，并细致地刻出龙鳞、龙尾，生动地表现出龙在凌空飞腾时的动态，显示出当时金银细工的高度技巧。

杂项器物

累丝嵌宝石金帽饰

明　高8.2厘米　宽11.7厘米

1958年于甘肃省兰州市上西园彭泽墓出土。
帽饰呈六瓣花形，以金丝编累成繁密的涡状卷草纹为底和花边。上面中间以金片錾刻出如意云纹，云纹间点缀镶有红、蓝宝石及珍珠。

龙纹金指甲套

明　高8.2厘米　宽11.7厘米

1958年于甘肃省兰州市上西园彭泽墓出土。
指甲套呈锥形，底部尖，顶部及身体表面錾刻龙纹行云、如意云头。

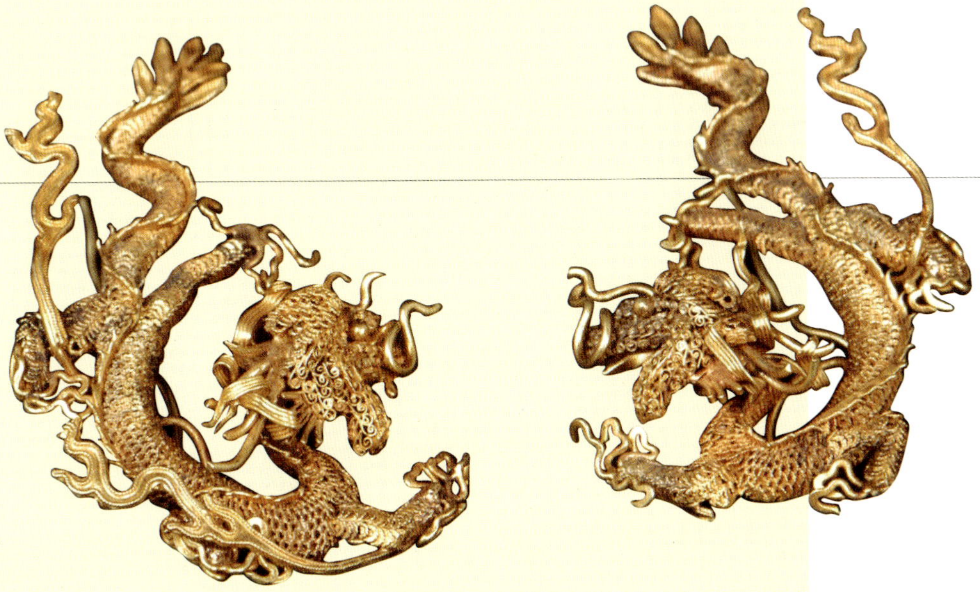

累丝金龙

明　长4厘米　宽2.5厘米　重9.8克

1958年于甘肃省兰州市上西园彭泽墓出土。
龙身以掐丝、累丝等技法编结而成。龙身呈行走状，似盘似舒，蜿蜒多态，眼睛用极亮的金珠点成，分叉叶状尾轻轻摆动，再配以摇曳的飘带般长须，制作工艺精细入微，造型栩栩如生。

杂项器物

嵌宝石金凤凰

明　高4.5厘米　长5.4厘米　重7.3克

1958年于甘肃省兰州市上西园彭泽墓出土。
凤体与云朵系用金片锤揲而成，其外廓及鳞形羽瓣均以金掐丝技法勒敷施。编织匀称紧凑，疏密得体。其双翼端及云头，各以金片焊一个筒状镶孔，内嵌红宝石。制作工艺精湛。

镶宝石金帽饰

明　高8.2厘米　宽11.7厘米　重71.9克

1958年于甘肃省兰州市上西园彭泽墓出土。帽饰分二层，底层以细金丝盘绕成极繁密的漩涡状卷草纹；上层一圈用金片錾刻出如意云纹，云之上镶嵌各种宝石，中间饰左右相对的金凤一对，金凤上镶嵌红宝石，造型生动。这种制作工艺纹饰繁缛，用金厚重，装饰堆砌，开创了自唐以后金器工艺的另一种风格。

正德款镂空凤纹金帔坠

明　坠长16厘米　宽7.2厘米

1958年于甘肃省兰州市上西园彭泽墓出土。霞帔是宋代以后妇女礼服中垂于胸腹之前的丝制或锦帛制装饰品。用两片近似梨形的薄金片，镌刻出镂空的凤纹和云朵纹相交图案，将刻好的金片在锤揲成凸起的弧形，然后两片扣在一起，上部用金环连接挂钩，便成为水滴状的霞帔坠子。挂钩内侧刻有“银作局，正德五年八内造，金一两九钱”铭文。

杂项器物

嵌宝石二龙戏珠金簪

明　长20.5厘米　宽1.5厘米

1958年于甘肃省兰州市上西园出土。
簪扁平，柄部为一小伏龙，簪顶为一龙头面向后，口张牙露，与柄部伏龙两头相对，做二龙戏珠状。镶嵌宝石10颗，背部嵌宝石1颗，发钗柄部阴刻“银作局，嘉靖四十年九月内造，金重五钱”铭文。

嵌绿松石金耳坠

明　长6厘米　宽4.8厘米　重17.7克

1958年于甘肃省兰州市上西园出土。
耳坠顶端镶不规则形绿松石，下层三个金丝编成漩涡状，最下层以金丝盘成几何形状，上镶宝石已脱落。

东罗马鎏金银盘

3—6世纪　高4.6厘米　口径31厘米　底径10.9厘米

1988年于甘肃省靖远县北滩乡出土。
此银盘卷唇、圈足。曾有鎏金，现已大部分脱落。盘内满饰浮雕花纹，分三圈置列。外圈饰相互钩连的葡萄卷草纹，其间栖有小鸟。中圈外缘饰连珠纹，中列一圈为12个神头像，每个神头像左侧各有一动物。盘中的内圈有高浮雕的斜倚雄狮，手执权杖的男神。在圈足内底部有点状凿刻铭文一行。东罗马银盘是中国丝绸之路上的重要发现。

杂项器物

尚方鸟兽博局铜镜

新莽　直径22.5厘米　厚0.5厘米

圆镜无柄，圆钮，柿蒂纹钮座，座外双线方格内十二乳钉间以十二辰铭，中区一圈八枚乳钉及博局纹将内区分为四方八极，间夹神兽、禽，外区四十三字铭文“尚方作镜真大好，上有山人不知老，渴饮玉泉饥食枣，徘徊名山采芝草，浮游天下敖四海，寿如金石之天保兮”。镜边缘短斜线纹与锯齿纹各一圈，云纹一周为边。

瑞兽葡萄纹铜镜

唐　直径20.7厘米

镜子正中一兽形钮，兽身拱起。镜子由一圈凸起的弦纹分为内外两个区，内区一圈饰瑞兽纹及十二串葡萄纹。外圈饰禽兽葡萄纹，最外圈一周连续的花卉纹，纹饰工艺精巧而细腻。在南北朝时期，葡萄图案纹样由西亚经中亚传入我国，到唐代，葡萄纹和海兽纹成为铜镜流行的纹样。

杂项器物

摩羯纹铜镜

金　直径23.7厘米　边厚0.6厘米

圆形，半球钮，钮外纹饰为同向相环绕的两条摩羯鱼，头前各有一系带飘曳的宝珠。鱼为龙首鲤鱼身，前鳍为两只张开的翅膀，无背鳍、后鳍。曲体长尾，以极精致的水曲纹作底为衬托。摩羯是佛教故事中的神鱼，乃如来的化身。带翼的龙头鱼身纹是金代铜镜流行的纹样。摩羯侧身有铭文“陕西西路监造使”。在宋金时期有如此纹饰清晰、有铭文的铜镜是罕见的，弥足珍贵。

虎噬鹿纹铜牌饰

汉　长11厘米　宽7.4厘米

牌饰造型为一虎正在咬噬鹿的前腿，其独特之处在于进攻者老虎被塑造得瘦弱、小巧，而猎物却显得高大、威猛，颇有些初生牛犊的意味。

杂项器物

铜博戏俑

西汉　俑最高9.2厘米　最宽9.7厘米

四俑相向跪坐，身着汉代常见的高领长服。二人头顶盘挽发髻，二人以宽巾裹首。坐姿不同，形态各异，有的前倾仰首，有的垂臂塌肩；有的袒胸露膊，似在伸手探取；有的屈腿斜身，默然扶膝静待。最为精彩有趣的是四俑的面部表情，独具匠心，刻画细腻，他们或喜笑颜开，或怒不可遏，或凝神沉思，或忧伤悲愁。铜博戏俑具有极强的艺术感染力。

铜熏炉

西汉　高16.1厘米

器物由托盘、承柱、炉身、炉盖四部分组成。托盘折沿、直壁、底微圜。承柱下方炉座上饰龙纹。炉身是凸弦纹，炉盖镂空，中部为三鸟首，边为蛇纹。

正德款嵌红铜阿文铜香炉

明　长21厘米　高12.3厘米

铜质精炼，做工精细。炉身鼓腹、束颈、底内敛、四个半圆足微撇，象鼻形环耳下垂略外撇小珥，腹上下各有一道弦纹。炉口平翻，配有紫檀木雕炉盖，雕有凸起卷云纹及几何纹；炉腹部嵌红铜阿拉伯文；炉底有二方铸款，一款为“大明正德五年钦赐回回掌教”，一款为“臣马大臣”。

杂项器物

安息铅币

汉　直径5.5厘米

甘肃省灵台县康家沟出土。
此铅币为窖藏出土，共出铅币274枚。铅币直径5.5厘米，重量110～118克。正面凸起，有浮雕涡形纹；背面内凹，沿边缘铸一圈凸起的外国铭文，并印有两方边长5毫米的方形印记，但印文模糊。据考证这些铅币可能属于晚期安息国钱币。

八思巴文虎头圆符牌

元　通高18厘米　圆牌直径11.7厘米

圆符牌以浇铸而成，圆牌周边隆起，牌中心两面凸起的元朝官方文字八思巴文正体字五行，一正一背，正面从左至右读，译文是："长生天气力里，皇帝圣旨，不从者治罪。"或译为："长生天底气力里，圣旨如不虔敬者治罪。"书法端庄秀丽。圆牌上有一弧形座，座顶有活环，座两面有浮雕形式的虎头和卷云纹。虎额隆起，毛发冲天，浓眉大嘴，威武而含蓄。制作工艺精细，此牌是当时朝廷或诸王公为军情急务差遣使者所用之信物。

杂项器物

青玉钺

齐家文化　长14.2厘米　宽6.2厘米　厚0.4厘米

玉钺从石斧、石钺发展而来，但其已失去早期石斧类生产工具的功能，而演变为武器与权力威严的象征物，是上古时期十分重要的礼仪用玉。

玉钺体扁平，呈长方形，刃部微呈斜弧形，双面刃，刃部较宽，较锋利，顶部平直，略厚，近顶部有一小穿孔，靠左边也有稍大穿孔，均为单面钻。整体玉质较差，有较大的石性。

白玉璧

齐家文化　厚0.9厘米　外径8.8厘米

甘肃省武威市皇娘娘台出土。
璧体圆形扁平，表面光滑，质地呈青白色，周边有沁蚀。璧面光洁，但薄厚不甚均匀，可见切割痕迹。中心钻孔规整，系单面钻成，故两面孔径大小不一。

青玉璧

齐家文化　外径9.1厘米　孔径3.5厘米

甘肃省广河县祁家坪出土。
璧体圆形扁平，表面光滑，琢磨规整。一面上留有切割直痕，中心钻孔为单面钻。齐家文化玉器的一大特点是工艺水平相差悬殊，大部分制作简朴，加工简单，留有明显的切割痕迹，方圆不中规矩，抛光粗糙，有的甚至未经抛光，很像半成品。

杂项器物

玉凿

四坝文化　长14厘米　宽2.3厘米

甘肃省玉门市火烧沟出土。
白玉，略呈长方体，从凿背部起四面渐收分，至凿端形成两面尖刃，其中一面至刃部收分较大，故刃略偏。有一面竖向中间内凹，微呈竖槽状。凿背保留有解玉原茬，未做加工处理。系用上等和田白玉制成，玉质晶莹润洁，琢磨光滑，工艺极为精细。

玉人

西周　高7.9厘米

甘肃省灵台白草坡出土。
整个玉人为长条状，黄色玉，无足；头顶戴有高冠，面部雕刻有口、鼻、广额巨目；身上似着袍服，上下有四条刻纹，四肢似被捆绑，胸部有一穿孔，可能用于穿挂。

玉人形铲

西周　高17.6厘米

甘肃省灵台白草坡出土。
白玉圆雕，裸体立人像，发辫兽首蛇身动物盘成螺髻，宽颊尖颌，阔鼻厚唇，眼窝深陷，双耳穿孔，双手捧腹，双足合并呈铲形，铲端薄刃有斜刃。被认为是西南夷人的貌相。此件器物不仅造型别致，雕琢精细，器表光滑细腻，是西周玉雕中罕见作品。

杂项器物

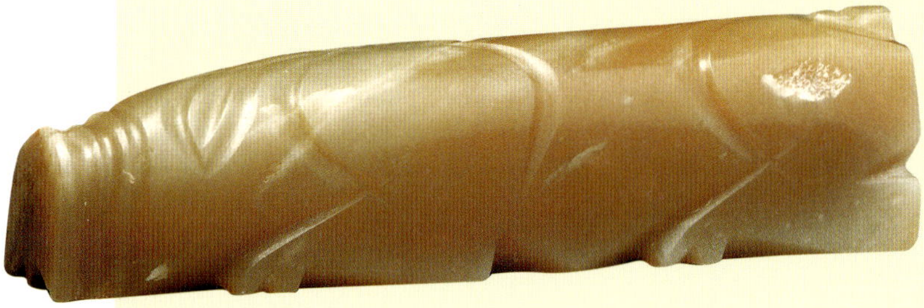

猪形玉握

汉　高2.9厘米　长12.1厘米　宽2.4厘米

甘肃省正宁县湫头公社西侯郎出土。
中国有玉器做陪葬品的习俗，史前社会即已存在，但到后来，在贵族社会中逐渐建立起一套玉敛葬制度和葬玉体系。这种风气战国时已很流行，到汉代达到鼎盛。猪形玉握是玉敛葬习俗中握在手中的葬玉，代表人死不能空手而走，要握有财富和权力。此件猪形玉握呈圆柱体平卧，猪嘴大而夸张，猪耳上贴，双目传神，四肢屈于身下。玉猪以汉代典型的“汉八刀”技法雕琢而成，线刻为“一面坡”刀法，线条简洁刚劲。

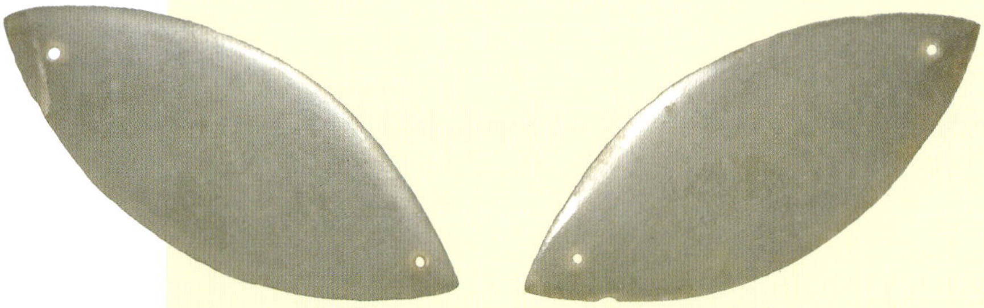

玉眼盖

汉　长5.1厘米　宽2.6厘米　厚0.2厘米

甘肃省正宁县湫头公社西侯郎出土。
玉眼盖为玉敛葬习俗中“玉覆面”的一种。“玉覆面”是根据五官形状和大小制作玉件，钻以细孔，按其位置系连在一片织物上，覆于死者脸部，此件玉眼盖即为玉覆面上压眼的葬玉。眼盖玉质温润，呈橄榄形叶片状，每片两端叶尖处各钻有一孔，钻孔以单面钻技法雕刻而成，孔圆而细小，打磨精细，色泽光洁，给人以玲珑雅致的美感。

玉蝉

汉　长6.4厘米　宽3.1厘米　厚0.8厘米

甘肃省武威市磨嘴子汉墓出土。
玉蝉为玉敛葬习俗中一种，入葬时放置于死者口中，即所谓的“玉晗”。玉蝉为优质青白玉，腹平，背凸。头部略呈弧形，以齿状凹凸显示结构细节，两侧角各有一外斜不规则椭圆形目。颈部有斜弧线和一目形饰，两翼合翅，以弧线形长阴线雕刻出双翼，双翼及尾末皆呈三叉尖出，双翼尖大，尾尖细小而内缩，腹面中部有两道交叉阴线纹。整件器物玉质晶莹剔透，造型生动逼真，雕琢洗练圆熟，为典型的“汉八刀”技法。

杂项器物

玉蝉

汉　长6.4厘米　宽3.1厘米　厚0.8厘米

甘肃省武威市磨嘴子汉墓出土。
玉蝉为青白玉，圆雕。腹平，背凸，玉蝉头中部凸起。双面用阴线雕刻出蝉的双目、双翼、腹、尾等身体局部轮廓。玉质晶莹，造型逼真。玉蝉为玉敛葬习俗中一种，以蝉为口含之物，一是取蝉高洁之意，二是以蝉蜕而联想到人的复活，象征人的转世再生，寄托了人们对死者的一种怀念之情。

青玉谷纹璧

汉　直径13.8厘米

甘肃省武山火车站货场出土。

玉璧为青色玉，有褐色浸蚀。体扁平，正反两面纹饰相同，内外缘各有弦纹一周，其间满饰凸起的谷纹，排列有序，大小均匀，制作规整，属于典型的汉代玉璧。

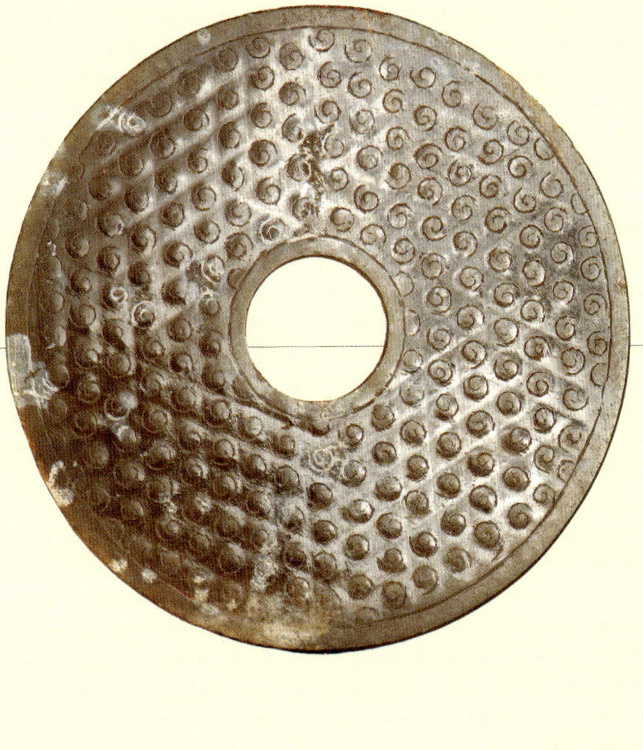

杂项器物

玉带钩

东汉　长10厘米　宽1.5厘米　厚2.7厘米

甘肃省武威市雷台汉墓出土。
所谓带钩，既是古人所系挂腰带的挂钩，主要是一种实用品。是春秋时期从北方草原地区传到中原，自战国到西汉为带钩的昌盛期，不仅数量众多，而且种类丰富。这件东汉玉带钩，玉质灰白中呈微黄，虽石性较重，却坚腻靓丽，为墓主人生前用物。浅浮雕，钩首雕成龙头形，高而窄，龙鼻前突，雕刻线棱分明。钩身略似琵琶形，钩肚圆鼓，背有一圆形凸钮。

青白玉卧羊

前凉　高8厘米　长15厘米　宽6厘米　重910克

甘肃省武威市灵均台采集。

青白玉，圆雕。玉羊双目平视有神，下垂的长角弯至胸侧，后展的双耳贴于双角旁，眼、鼻、嘴以阴线雕刻而成，臀部上方及双角上有黄褐色沁色。躯体肥硕，曲肢跪卧。姿态健稳，神情安详，整体洋溢着祥和恬静之美。玉质优良，通体打磨精细，光滑圆润，形象逼真，是不可多得的前凉时期的玉雕佳品。

杂项器物

青玉带钩

元　长12厘米　宽2.4厘米　高2.5厘米

甘肃省漳县汪世显家族墓出土。
带钩青白色，背部有淡黄褐烤色，形制为常见的琵琶形。钩头扁宽，圆雕为兽头形，额间阴刻“王”字，肚面浮雕螭纹，螭身呈弯曲爬行状，螭尾细长。钩背面为圆形凸钮，钮柱上拴有黄色丝质绦带，绦带编织细密，边缘整齐。此件玉带钩雕工简洁，碾磨精细，具有元代玉带钩的典型风格。

雉鸡牡丹纹镂空玉带板

明　排方长5.1～7.6厘米　宽3.3厘米　厚0.7厘米

甘肃省兰州市上西园彭泽墓出土。

玉带上缀附玉带的数量，因时因人各不相同。至明代时只有一品以上的文武官员才有资格佩戴20块的玉带板。这套玉带出自兰州上西园彭泽墓。彭泽位居兵部尚书，官居一品，由于墓葬级别较高，因此随葬器物丰富。这套镂空玉带板现存18块，包括有三台1、小辅4、圆桃4、插尾2、排方7。形制各异，采用明代盛行的双层透雕和减地技艺，雕刻出雉鸡牡丹纹图案，雉鸡嬉戏于牡丹丛中，生机盎然。纹饰富于变化，图案清晰，立体感强；工艺精美，表面打磨细腻，抛光润泽，加工工艺良好。

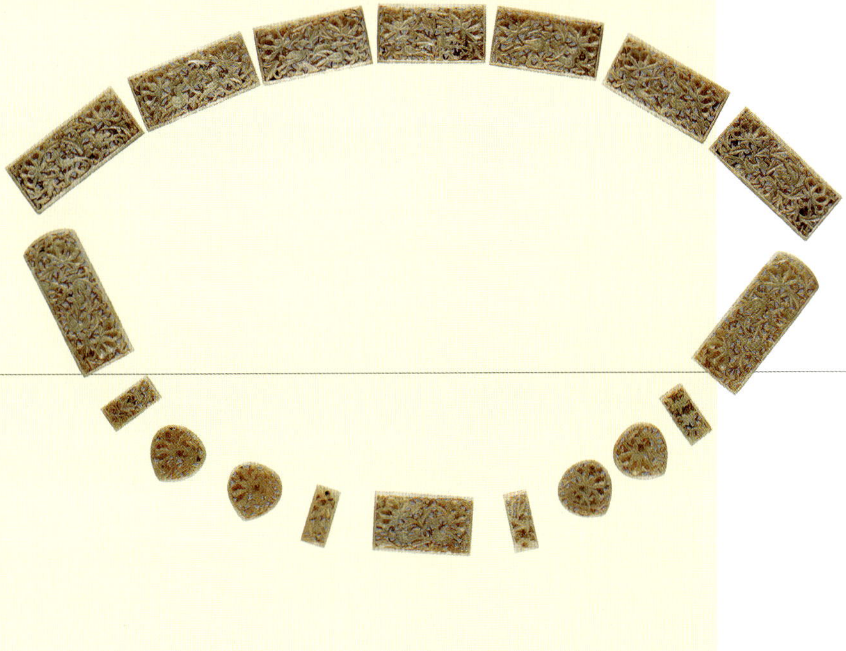

杂项器物

莲花形玻璃托盏

元　盏：高4.9厘米　口径8.9厘米
底径3.4厘米　盏托：口径15.2厘米
高1.2厘米

1973年于甘肃省漳县徐家坪汪家坟出土。玻璃托盏为普蓝色玻璃制成。盏为七瓣莲花形，饼形足；托为平口，边沿呈八瓣莲花形，平底。这套盏托造型优美，色彩艳丽，工艺精湛，是迄今出土最完整的一套古代玻璃盏。

“庄严妙相”象牙印

明　印高6.5厘米　印台高2厘米　印面边长4.2厘米

上为法轮钮，下为仰覆莲瓣钮座，钮座两边分别阴刻楷书“宣德二年□月□日”和“赐剌麻班丹领占”。印面正方镌刻阳文九叠篆书“庄严妙相”。班丹占系岷州喇嘛，曾于宣德元年（1426）赴京贡马。明宣宗在宣德二年（1427）回赐财物，以示褒奖，印应为赐物之一。

杂项器物

蟠螭纹带盖石砚

魏晋　通高12.5厘米　直径13.5厘米

砚以自然石料加工而成。分底和盖两部分，砚盖圆雕互相盘绕的双螭，双螭互咬对方的颈部，颈下透雕成孔。盖四周斜面阴刻二虎和斜平行线纹，曲凹处残留米红色痕迹。砚底三足正面阳刻熊首。

石雕摇钱树座

汉　高30厘米

呈圆柱状，座底部刻三角形纹饰二周，中上部浮雕四个裸体人像，形态各异，顶部中间有一圆形插孔。

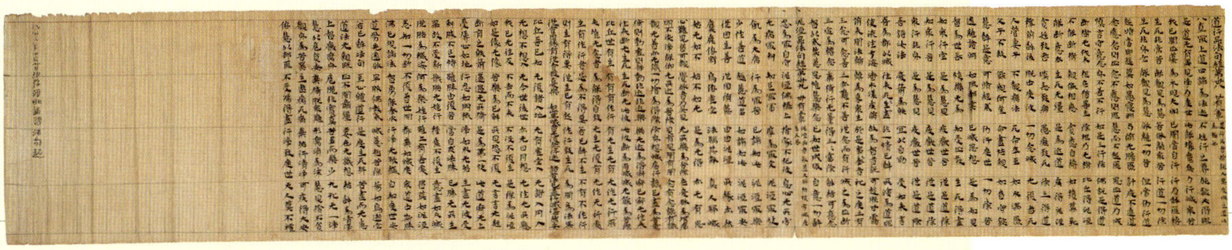

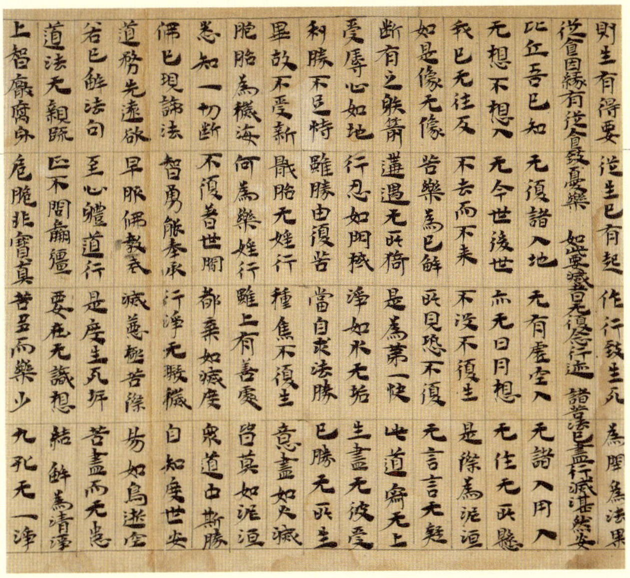

楷书道行品法句经第三十八卷

东晋　纵24.3厘米　横135.5厘米

用隶书抄录《道行品》及《泥洹品》两品经文。字体工整。前有剪截痕，仅存后半，白麻纸泛黄，存经文六十五行，行十六字至三十字不等。书《道行品法句经》第三十八，《泥洹品法句经》第三十九，末有题记二则："升平十二年（368）沙弥净明"，"咸安三年（373）十月二十日沙弥净明诵习法句起"。记录了沙弥净明于升平十二年和咸安三年的两次诵经记录。是目前所知现存敦煌文献中最早的写本之一，书体显示了"简书""经书"过渡时期的字体特征，展现了"经书体"楷书初期的特有风姿。

杂项器物

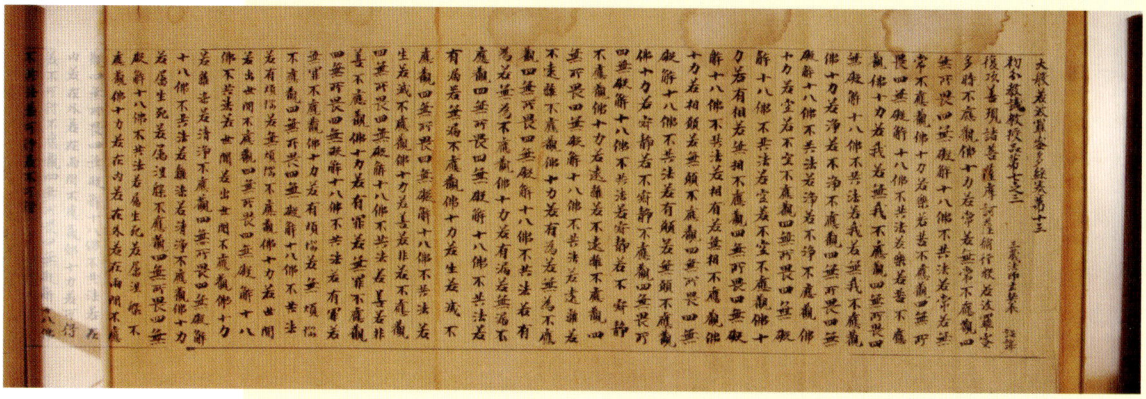

大般若波罗蜜多经卷第十三

唐　横785厘米　纵26.2厘米

首尾全，有轴，卷经装。全卷用黄麻纸17张多联缀而成，单张纸横44.2厘米。楷书，书写工整，为唐时典型写经书体。每纸28行，行17字。首讫“大般若波罗蜜多经卷第十三，初分教识教授品第七之三三藏法师玄奘奉诏译”。此卷出自敦煌藏经洞。

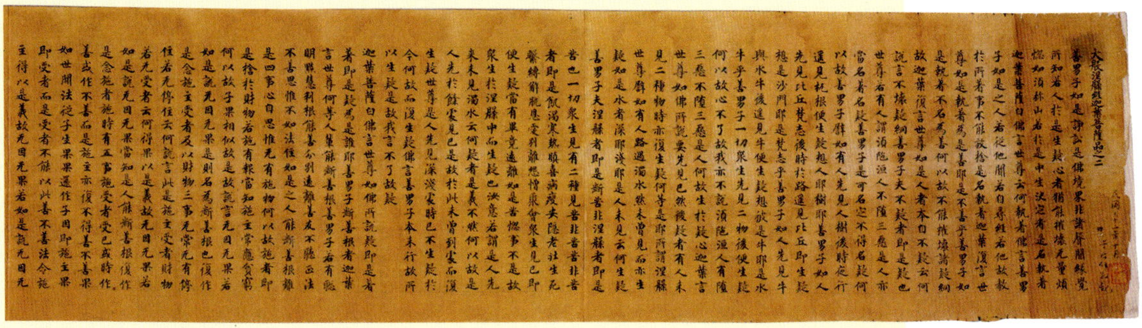

楷书大般涅槃经迦叶菩萨品之二卷

唐 横1173厘米 纵26.3厘米

经文首尾完整，有木轴，细帘纹黄麻纸，加蜡砑光。24张纸写成，每张28行，每行17字，计662行，一万余字。首题“大般涅槃迦叶菩萨品之二”，尾题“大般涅槃经三十二”。卷首下方题“民国三十二年十月，于右任敬观”。该卷“世”及“愍”中“民”字已见避讳。墨书楷体，书写谨饬秀逸。此卷传出自于敦煌藏经洞。

杂项器物

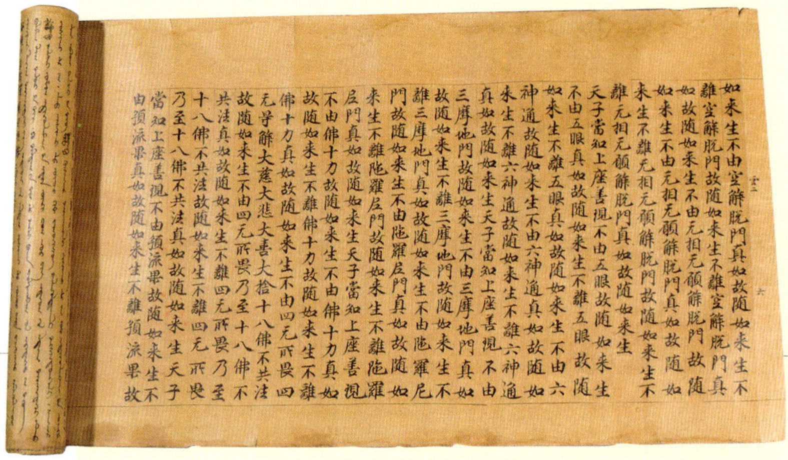

回鹘、汉文大般若经三百二十二

唐　横703.3厘米　纵29.9厘米

首残尾全，正面楷书工整庄重，起“如故随如来生不由……”尾题：“大般若经卷三百二十二”。共13张，各纸编号为：云二六—云二十八，单张54厘米，书28行，行17字。背面为回鹘文字迹流畅佛经疏释，间有汉文，如“论颂曰”“释曰”“界身足论”“识身足论”等。有“通泉华严院比丘法超颂”等印十余方。传出自于敦煌藏经洞。这是一卷少有的两种文字，不同文化同时出现一个经卷里，反映当时这一地区是中外交往的重要枢纽。

《报父母恩重经变》图

北宋　纵182厘米　横127厘米

出于敦煌莫高窟藏经洞，绢地、傅彩，绘佛、菩萨和僧俗人众等110多人。画面满画的特点，内容丰富，不留空白。上部画七佛、七宝，正中为释迦牟尼说法图及供养人像。佛菩萨面相端丽，和蔼可亲，既有唐代的雍容华贵，又有宋代的秀美俊俏。两侧由下向上，绘佛经故事画15幅，各幅均有题记。说法图下书报父母恩重经变文和发愿文15行，题曰“绘佛貌真纪”。《报父母恩重经变》堪称北宋佛画佳作。

杂项器物

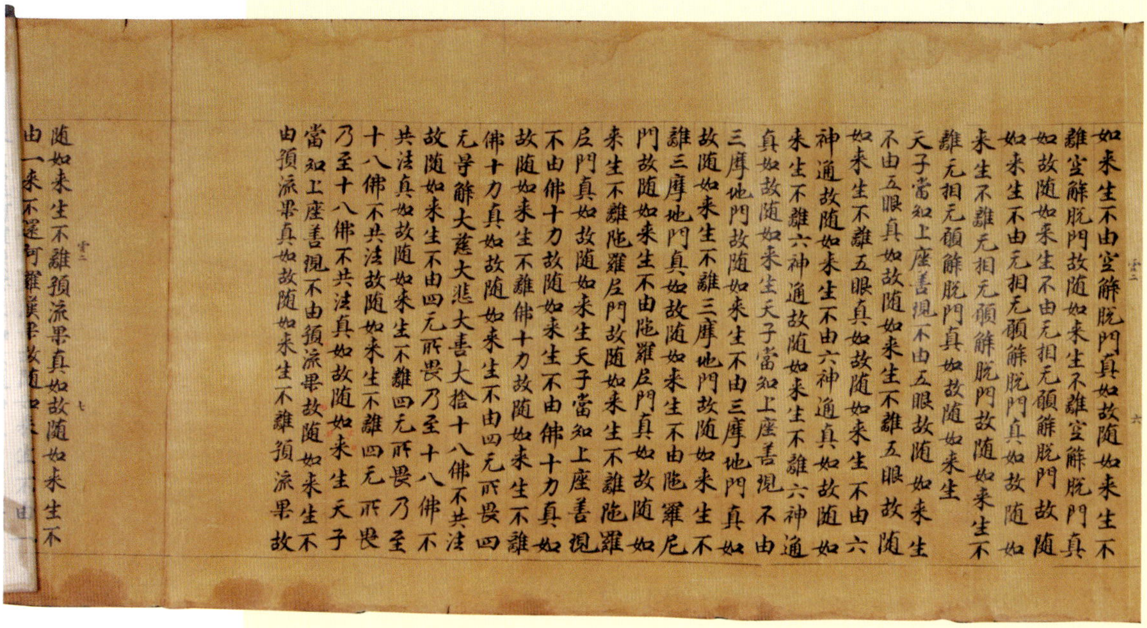
如来生不由空解脫門真如故隨如来生不
離空解脫門故隨如来生不離空解脫門真
如故隨如来生不由无相无願解脫門故隨
如来生不由无相无願解脫門真如故隨如
来生不離无相无願解脫門故隨如来生不
離无相无願解脫門真如故隨如来生
天子當知上座善現不由五眼故隨如来生
不由五眼真如故隨如来生不離五眼故隨
如来生不離五眼真如故隨如来生不由六
神通故隨如来生不由六神通真如故隨如
来生不離六神通故隨如来生不離六神通
真如故隨如来生天子當知上座善現不由
三摩地門故隨如来生不由三摩地門真如
故隨如来生不離三摩地門故隨如来生不
離三摩地門真如故隨如来生不由陀羅尼
門故隨如来生不由陀羅尼門真如故隨如
来生不離陀羅尼門故隨如来生不離陀羅
尼門真如故隨如来生天子當知上座善現
不由佛十力故隨如来生不由佛十力真如
故隨如来生不離佛十力故隨如来生不離
佛十力真如故隨如来生不由四无所畏四
无㝵解大慈大悲大喜大捨十八佛不共法
故隨如来生不由四无所畏乃至十八佛不
共法真如故隨如来生不離四无所畏乃至
十八佛不共法故隨如来生不離四无所畏
乃至十八佛不共法真如故隨如来生天子
當知上座善現不由預流果故隨如来生不
由預流果真如故隨如来生不離預流果故
隨如来生不離預流果真如故隨如来生不
由一来不還阿羅漢果故隨

甘新驿道里程抄本

清　纵13.3厘米　横56厘米

传自甘肃省武威市天梯山石窟地层堆积中采集。

本件抄本为残片，从其折痕可以看出原为折叠状，现已装裱成横幅。黄麻纸质，残存八面三十一行，墨书楷体，首行起“大山头有店房……”记载了清代甘肃安西至新疆哈密、巴里坤地区的驿站、军台、里程、路况、水味、店房、饭铺等情况。抄本内容与史料记载基本一致，是一件清代丝绸之路甘肃至新疆的珍贵导行册。

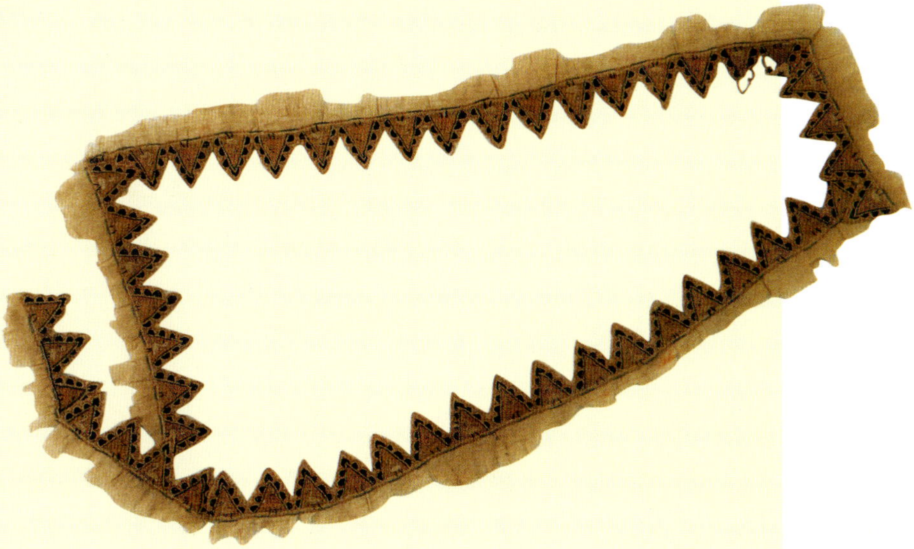

刺绣花边

汉　长70厘米　宽2.5厘米

甘肃省武威市磨嘴子汉墓出土。
出土时置于织锦针黹盒内，花边为带状锯齿形，衬绢为米黄色，绣成深橘红齿形图案的花边，又用蓝色花瓣装饰齿沿。采用辫绣法全部施绣，在每个不足一平方厘米的三角形花纹图案里，各绣有姿态各异、楚楚动人的长颈水鸟，说明当时的刺绣工艺已达到相当高的水平。

杂项器物

绢底刺绣屯戍人物图

汉　高7.2厘米

甘肃省武威市磨嘴子汉墓出土。
该刺绣是在平纹朱红绢地上用黑、白、褐、浅绿四色绣出图案。图中右立者，体型硕伟，散发，身着宽袖长袍，似系汉族形象，身份为主人。左立者，头戴尖顶帽，身穿窄袖紧身袍，系少数民族形象，身份为小吏。主人和小吏身后置有营门，周围为竖立的盾牌和戈戟，反映了汉代军营屯戍的场景。汉代刺绣工艺较发达，但迄今保存下来反映现实生活中人物活动的作品极少。这件绢底刺绣屯戍人物图，保存完好，实为难得的珍品。

针凿盒

汉　长31厘米　宽17.4厘米　高16.9厘米
盖高19.5厘米

甘肃省武威市磨嘴子汉墓出土。
针凿盒为古代妇女存放做针线活用具的容器。篋胎以苇条编织，呈长方形，由盖、底两部分组成。盖呈盝顶形，盖与盒身套合无隙。盒面四周用褐、白两色平纹经锦缝成宽边云气纹，中心缀饰一幅绢地刺绣卷草纹。刺绣系用细线锁绣而成。盒身四周及盖五面，用棕色锦裱糊，沿、棱处以棕色织锦缝成宽边，在云纹中点缀小型吉祥图案；宽边之间用红色畦纹绢地刺绣补心，套绣白、绿、蓝三色草叶纹及流云纹图案。出土时盒内装有木锭、针筒、缠线板、纺线锭和一条长长的刺绣花边。
这件针凿盒织锦细密，花纹秀美，刺绣精细，图案流畅，在制作时将织锦和刺绣两种工艺有机地结合于一体，体现当时织造工艺的高超水平和历史价值。

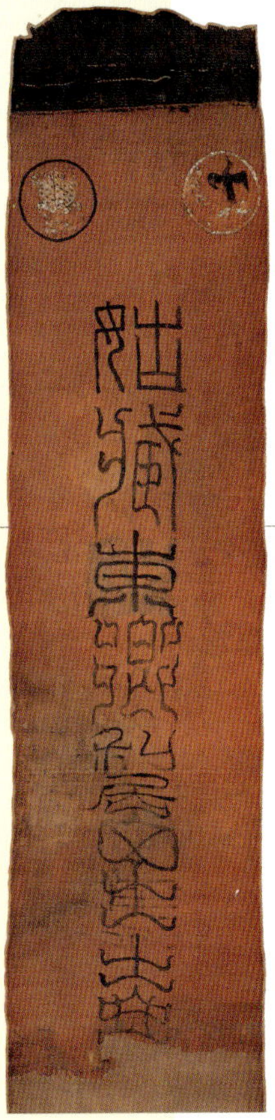

日月纹墨书铭旌

汉　长202厘米

甘肃省武威市磨嘴子汉墓出土。
铭旌是丧葬出殡时张举的一种旌幡，入葬时作为随葬品覆盖在棺上。这件铭旌上端左右各绘一圆圈，左边圈内绘有蟾蜍和玉兔，代表月亮；右边圈内绘有三足乌和九尾狐，代表太阳。中间墨书小篆：“姑臧东乡利居里壶……”下部字迹已残缺难辨。此件铭旌对于研究古代丧葬制度、神话传说和宗教思想具有重要意义。

杂项器物

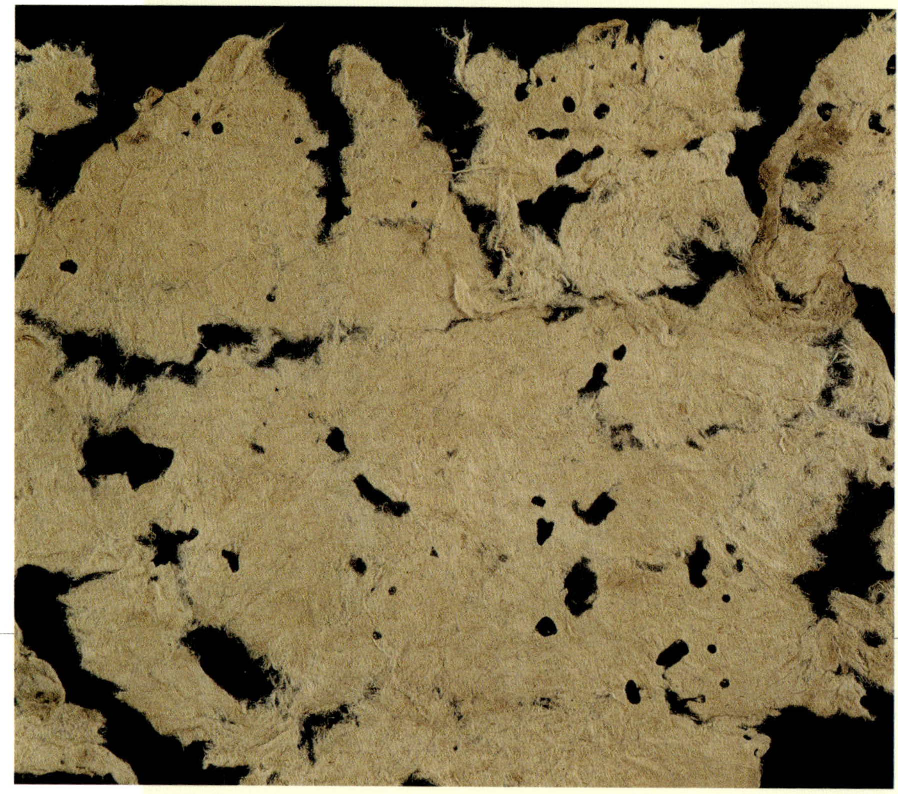

肩水金关纸

汉

因出自甘肃省金塔县天仓乡北部的汉代肩水金关边塞遗址而命名。残破较严重，现封存于有机玻璃夹中。其主要成分为苎麻，是用废旧的麻絮、绳头、敝布等原料制作，纤维有明显的分丝帚化现象。它的出现比蔡伦造纸早了一个多世纪，是我国汉代著名的纸张标本之一。

丸墨

汉　纵5厘米　横3.3厘米

1972年甘肃省武威市磨嘴子49号汉墓出土。
丸墨因为早期制墨工序用胶不多，加上胶质量不是很高，所以呈为不规则小椭圆形。

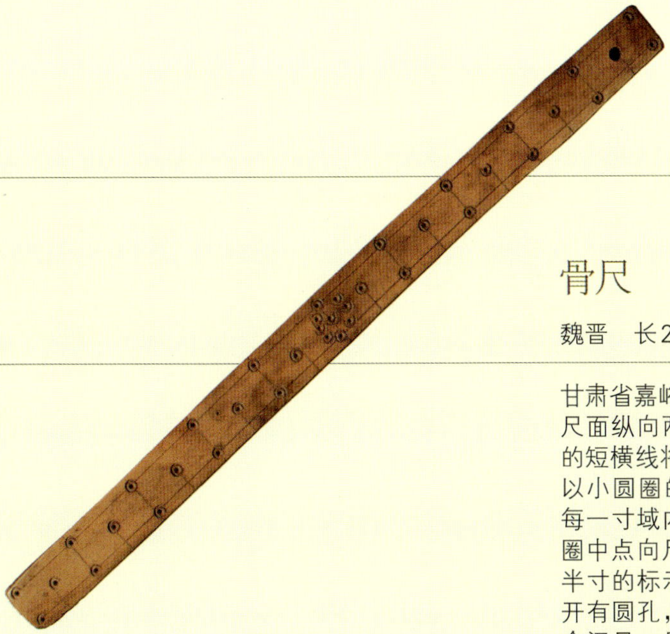

骨尺

魏晋　长23.7厘米　宽1.6厘米　厚0.1厘米

甘肃省嘉峪关市新城乡出土。
尺面纵向两侧两条平行的细直线，用与纵线垂直的短横线将全尺分为10等分，纵横线之交点，均以小圆圈的图案装饰，显示寸与寸之间的标志。每一寸域内的正中，亦饰有小圆圈图案，且自圆圈中点向尺沿一侧纵线刻一短横线，其交点即为半寸的标示。全尺正中有一团花装饰图案，一端开有圆孔，有使用痕迹，是实用的量器。长度约合汉尺一尺。这件骨尺制作精细，刻度准确，其发现为研究魏晋时期尺度提供了宝贵的实物资料。

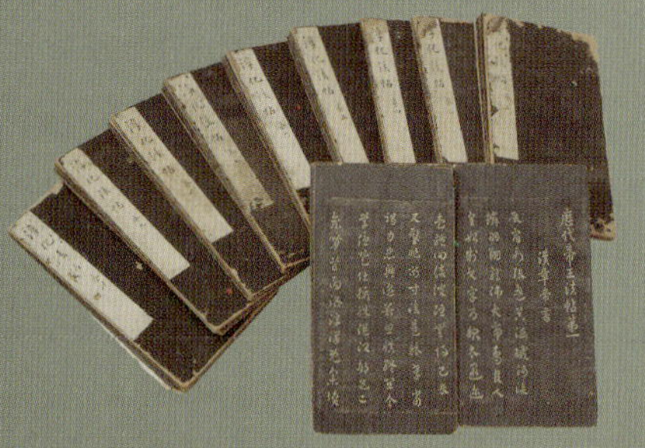

石刻、壁画砖、佛教造像

甘肃省博物馆卷

中国佛教艺术源于古代印度，它在传播与发展过程中，逐渐将其宗教性、社会性与艺术性巧妙地融合在一起，并与中国历史的发展相适应。所以，它既是宗教的偶像，又是各个时期社会与世俗生活的反映。甘肃省博物馆收藏的历代不同形式和不同风格的佛教艺术珍品，时间跨越一千五六百年之久，主要以金铜、石刻等质地为主，从中可窥测中国佛教艺术发展的脉络，是研究中国佛教艺术的珍贵资料。

甘肃壁画砖主要出土于河西一带的魏晋十六国时期墓葬中，图案十分精美；在天水地区也出土有宋、金时期的彩绘砖雕。这些墓室壁画砖在我国绘画史上占有很重要的地位，具有深厚的文化底蕴，是不可多得的文物精品。

石刻

保定四年石造像碑

北周　宽45厘米　厚12厘米　高121厘米

碑额雕二龙盘交，正面上部方形浅龛三个，中龛坐一佛二弟子，两侧小龛刻二坐佛。碑阴上部刻三龛，中为一佛二菩萨，旁边两龛分别为维摩诘和文殊菩萨对坐辩经。碑的下部四面刻题记。

石造像塔

西魏　长67.5厘米　宽74厘米　高40厘米

三节均为六面体形状，每节四面雕刻不同佛像、菩萨或佛经故事。如释迦涅槃，释迦多宝讲经等。一块稍有残缺、剥蚀，其余两块完整。

石刻

千佛碑

西魏　长74厘米　宽67.5厘米

碑首为四龙交蟠式，碑阳额上一兽首衔二龙尾，碑额下开圆形浅龛。龛内刻一佛二弟子，二菩萨；龛外左侧刻有二人，一胡人跪俯首，双手合十，呈顶礼状，前立一人，双手捧供物，前方有一锥形供物；龛右侧刻有三供养人立像；龛下刻七小龛内各一坐佛。碑身刻有千佛，下有四排供养人，各左上方刻有榜题。第一排和第四排为立像，第二、三排为骑马人，第三排还有一牛车。碑身两侧各刻有千佛。

神平二年王真保墓志

北魏　长56.8厘米　厚7厘米

神平二年（529）为万俟醜奴，大赵政权的年号，正史载为神兽（虎）。呈正方形，志文共40行，每行20字，魏碑体间有楷草笔意，别字较多，也有少数错字。

石刻

马德惠石造像塔

北凉承阳二年　高34厘米　底径16厘米

塔顶残佚，塔身覆钵八龛像，浮雕七坐佛一弥勒菩萨。其中四坐佛着通肩袈裟禅定印，三坐佛着右袒袈裟说法印。龛上方浮雕飞天八身，北凉石中唯此塔雕飞天。袒上身，下着裙，身躯微曲。依托身姿变化衬托出飞姿。塔身圆柱刻经文和发愿文。

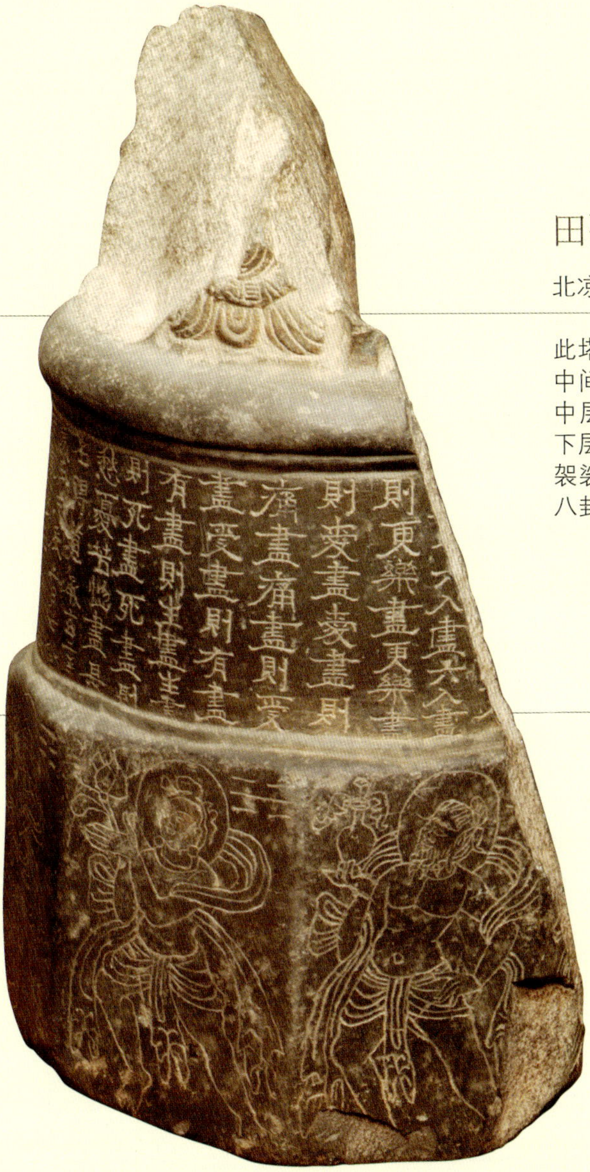

田弘石造像塔

北凉承玄二年　高39厘米　底径21厘米

此塔只剩下部二层半，上半层开尖拱形龛，中间雕坐佛，现只有三个不完整的龛和像；中层为圆柱形，刻发愿文及经文共23行；下层三个龛内有佛像，施禅定印，身着通肩袈裟，塔基线刻神王，现在残六身，侧面刻八卦符号。

石刻

高善穆石造像塔

北凉承玄元年（428） 高44.6厘米

1969年于甘肃省酒泉市城石佛寺湾子出土。为我国有纪年的早期佛塔的珍贵实物资料。它发现于丝绸之路上河西走廊的重镇酒泉的城南，这里曾是笃信佛教的小王国西凉的首都，由印度经西域传入内地的佛教首先在此繁衍。塔呈圆形锥体，由宝顶、相轮、塔颈、覆钵、经柱、基柱等部分组成。乃是采用印度佛塔的样式。覆钵下层有八个圆拱龛，七个龛内各雕佛像一尊，另一龛内雕交脚弥勒。圆形塔座上阴刻一周《增一阿含经》中《结禁品》中部分经文和发愿文，发愿文载："高善穆为父母新恩立此释迦文尼得道塔……承玄元年岁在戊辰……共成此塔……"上题"高善穆为父母报恩立此释迦文尼得道塔"。最下层为八面形基座，在七面上各刻一尊菩萨，另一面刻一药师像。值得注意的是在基座八面分别刻着"八卦"图像，是最早出现八卦的实物资料之一。并用来表示塔的八个方位，开创了中国特有的八面佛塔的先河。顶部刻有北斗七星，用来表示塔寺坐北朝南的传统风水观念。造像塔形制独特精美。

彩绘石造像碑

隋开皇元年　高146.5厘米　宽50厘米　厚16厘米

碑为圆首，正面分四层开龛，由上而下第一层刻释迦多宝并坐说法图；第二层刻一佛二菩萨；第三层正中圆形龛内刻一佛二菩萨，佛善跏趺座，疑为弥勒佛；第四层为维摩诘与文殊菩萨辩法图。碑阴上部开一庑形龛，内刻一菩萨二弟子。龛的下部及左右两侧均刻有题记“开皇元年岁辛丑四月庚辰朔二十三日壬寅……李阿昌”题款。造像碑施有红、蓝彩绘。

石刻

舍利石棺

五代　灵台县出土　高28.2厘米　长47.8厘米

舍利棺是唐代用于瘗埋佛骨舍利，成套容器中，外层的石函常制成棺椁形状。石棺用质地细密的灰白砂岩制成，敷以红、绿、蓝、白、金等色，棺身两侧浮雕佛传故事，右侧为涅槃变，左侧为迎佛图，前后两端各有线刻双扇门，两旁各有一天王守护。表现涅槃场景，天人哀绝，竟从天上坠落，构思独特新颖，不同凡响。

《淳化阁帖》肃府本

明　纵32厘米　横17.6厘米

《淳化阁帖》肃府本摹刻于明朝后期。太祖朱元璋封第十四皇子朱瑛为肃庄王，赐予宋本《淳化阁帖》一部，以为传代之宝，秘藏内库二百余年。肃恭王曾将它取到前宫习书，题云："勉夫小子云，不许与人"。足见其珍秘之深。万历四十三年（1615），陕西右参政（当时甘肃属陕西布政使司管辖）、分巡临巩道张鹤鸣，得李子崇藏枣木版阁帖，向肃宪王借肃府祖传《淳化阁帖》校对，见其"浓嫣遒劲，神彩泛溢，大不类世所传本。如古法帖数段久已缺文，而兹独全，确为宋拓无疑。"恰好此时金石摹刻家温如玉、张应召师徒来兰，因请其双钩。肃宪王绅尧遂令温、张二士重摹上石，公诸天下，传于后世。刻石未成，宪王先薨，世子识宏继承父志，于天启元年（1621）竣工。前后历时七年，用富平石一百四十四块刻成。富平石一名"铜磬石"，产于陕西富平县，石质坚润，击之有铿锵声，用以镌刻碑帖，锲口平齐，历久如新。该帖刻成后，藏于肃王府东书园遵训阁，称《肃王府本》，又称《遵训阁本》，亦名《兰州本》。现还留藏一套"善本"的《淳化阁帖》肃府本拓本。

壁画砖

畜牧图壁画砖

魏晋　长34.5厘米　宽17厘米　厚4.8厘米

甘肃省嘉峪关市魏晋1号墓出土。
砖呈长方形，土红彩勾边，自左至右绘黑山羊3只，白山羊9只，白牛一头，黑牛一头。右下方有一牧者，右手前伸做扬鞭状，此景描绘了牧童放牧牛羊的场面，牧者前方有朱书榜题畜牧二字。

双驼图壁画砖

魏晋　长35.5厘米　宽16.7厘米　厚5厘米

甘肃省嘉峪关市魏晋5号墓出土。
砖呈长方形，四边用米红彩勾边，中央绘一大一小骆驼，左侧有一棵大树，树叶茂密，大骆驼昂头吃树叶。

壁画砖

烤肉煮肉图壁画砖

魏晋　长35厘米　宽17厘米

甘肃省嘉峪关市1号墓出土。
砖呈长方形，四周红彩勾边，画面右侧绘一案，一男子跪坐在案前切肉，案前置一盆盛肉，画面中央钩四条肉，下有肉盆，画面左侧火上架一釜，旁边一男子煮肉。

耕种图壁画砖

魏晋　长35厘米　宽17厘米　厚5厘米

甘肃省嘉峪关市魏晋1号墓出土。

砖呈长方形，四周以红彩勾边，画面分上下两层。上层左起绘二牛驾犁，一男子扶犁，中间一女子播撒种子，后面有二牛拉耱，男子踩耱右手拉缰绳；下层画面同上，右上角朱书榜题“耕种”二字。

壁画砖

宴居图壁画砖

魏晋　长35.5厘米　宽16.7厘米　厚5厘米

甘肃省嘉峪关市魏晋4号墓出土。
砖呈长方形，红彩勾边，砖中央跪坐女主人，身旁跪坐侍女四人，三人持扇，一人持物。画面上方绘盘、樽、勺等宴居器具。

吹笙图雕刻砖

辽　长29.3厘米　宽15厘米　厚3.8厘米

砖呈长方形，砖面浮雕吹笙人物，头戴黑冠，身着黑彩窄袖短衣，下着黄裙，双手斜捧笙，做吹奏状。

壁画砖

洪武七年兰州城砖

明洪武七年　长44.5厘米　宽21.5厘米
厚10厘米

砖长方体，青灰色，上模印阳文两行，“大明洪武七年兰州卫指挥使司造”。

仕女图壁画砖

金　长30.1厘米　宽29.5厘米　高43厘米

砖方形，砖面饰一层白色底衣，绘女子二人，均着长裙，双手笼袖而立，右侧女子头上着巾，相貌较老成，左侧女子留抓髻，相貌年轻，此二人应为主婢关系。

壁画砖

泰和六年仕女图壁画砖

金泰和六年　墓砖：长 33 厘米　宽 32.5 ~ 33 厘米；
文字砖：长33.5厘米　宽 17.3 厘米

砖由两件组成一组，砖面饰一层白色底衣，以墨线勾勒轮廓，后涂彩，画面以帷帐为背景，帐前立一仕女，黑发，挽红头巾，身着长裙，附垂彩带，双手托盘，盘中盛放食物，侍女体态修长神色严肃，造型优美，画面左侧署有泰和六年款题。

彩绘菩萨像壁画

北凉　纵106厘米　横60厘米

甘肃省武威市天梯山石窟4窟出土。
壁画赭石色作底，以墨线勾勒轮廓，再以石绿、白、朱等色描画。菩萨高鼻、卷发，上身袒露，下着长裙，戴项圈，佩璎珞，左臂前曲，右手下垂执净瓶。有明显的西域风格，是早期佛教绘画的上乘之作。

壁画

彩绘韦陀像壁画

元　纵210厘米　横100厘米

出自甘肃省武威市天梯山石窟。
壁画赭石色作底，以墨线勾勒轮廓，面敷白，石绿绘衣边。人物头戴盔，身穿甲，双手合十，两臂弯处平托金刚杵。描绘细腻生动，人物威严肃穆。

彩绘释迦多宝造像

北魏　高15.8厘米　宽18.5厘米

释迦多宝并坐说法系取材于《法华经·见宝塔品》，南北朝十分流行。此像二佛皆跏趺坐，左手施无畏印，右手均残。高肉髻，面相修长，面目清秀。用朱、褐二色绘衣着，背倚屏风，有火焰纹形头光。雕刻精细，造型秀美。源于天水麦积山石窟。

佛教造像

影塑菩萨

北魏　高32.7厘米　宽16厘米
厚17厘米

泥塑，彩绘。跪姿，一手持花蕾上举，一手置于胸前，束发，面容丰满，鼻直嘴小，五官疏朗，嘴角含笑。身着挂左肩长裙，似印度莎丽。赤足，圆形头光。着色以白粉、石绿、石青、宝蓝等色为主，艳丽而不俗气，纯朴素雅。源于天水麦积山石窟。

泥塑立佛像

北朝　纵26.3厘米　横8.5厘米

佛高肉髻，面容清瘦，颈部细长，着通肩大衣，立于圆形台座上。佛左手下垂作触地印，右手上举平伸作施与愿印。佛像表情温暖亲切，衣褶线条丰富优美，是“秀骨清相”风格的典型之作。

佛教造像

石雕观音菩萨立像

隋　高134.4厘米

甘肃省秦安县出土。
观音头戴四瓣花冠，冠正面饰阿弥陀佛像。宝缯从头两侧下垂至肩，面形圆润，眉清目秀，表情慈善安详。袒上身斜披络腋，颈部佩戴项圈，正中缀一宝石。左右肩头各饰三条披带臂、腕戴宝钏、手镯。璎珞交叉于腹前圆环中。下身着裙，右手曲肘上举持莲蕾，左手下垂持净瓶，赤足立于座上，两侧垂长带。整个造像刻画细腻，神态自然。是隋代石雕中的杰作，是件难得的佛教艺术珍品。

圣历元年石造像

唐　座宽37厘米　高92.5厘米

佛像背光和台座共同组成碑身。佛为立像，薄肉髻，双耳垂肩，着袒右肩袈裟，右臂下垂，右手已残，左臂曲肱平放至胸前，左手持巾。飞天下部有四尊坐佛，背光及佛像置于方形台座上。台座前刻有题记，多辨认不清，依稀可见圣历元年（1698）等字，题记两侧雕刻有两个供养人，跪姿，手持供物。

佛教造像

泥塑菩萨

唐　高169厘米　宽47厘米　厚40厘米

甘肃省武威市天梯山石窟出土。
天梯山石窟是我国颇具影响的一处早期石窟遗迹，始建于北凉时期，以后历代均有修建。此菩萨为2窟左侧龛内胁侍菩萨，高髻长发，身体修长，低头沉思，双手合十立于莲台上，虽经历代多次重修，但神情、体态依旧保持原意，体现了唐代雕塑艺术特色，也反映了唐代佛教艺术和现实生活的密切关系。

彩塑坐佛与胁侍菩萨

唐　佛高108厘米　左、右胁侍菩萨分别高209厘米、204厘米

甘肃省武威市天梯山石窟出土。
佛结跏趺坐，右手扶膝，左手施禅定印。两侧胁侍菩萨妆容、姿态不尽相同，但都面庞圆丰，身姿优雅，与中间雍容安详的佛一起呈现出庄重圣洁的氛围。是唐代雕塑艺术的典范之作。

佛教造像

鎏金铜坐佛像

唐　通高22.6厘米

甘肃省平凉县出土。
佛高肉髻，面部圆中带方，长眉广目，鼻子直挺，双耳垂肩，神情庄重而不失慈祥。身躯匀称，健硕，内穿菱格纹僧祇，外着袒右肩大衣，结跏趺坐于高束腰莲座上。佛身后头光和背光上下相叠交，光圈内为镂空的缠枝忍冬，边缘饰火焰纹。

鎏金铜佛像

唐　通高13.8厘米　底径6厘米

甘肃省平凉县出土。
佛高肉髻，面庞丰满，嘴角上扬，着通肩大衣，左手前伸，右手施无畏印，赤足立于八角形莲花座上。

藏传佛教佛像铜印范

明　长12厘米　宽11.8厘米　高10.3厘米

铜范为方形，背面有椭圆柱形柄。范面内凹，铸造有九宫格样式造型各异的佛像，各个佛像之间有藏文六字。

佛教造像

鎏金铜无量寿佛像

明　高20.8厘米

菩萨头戴五花冠，高髻涂黑，面相圆满，修眉细目，额间有白毫，隆鼻，敛口涂朱，首微颔，颈间三横褶，上身着僧祇衣，下身穿裙，肩搭披帛，胸佩瓔珞，臂、腕戴宝钏，双手合于身前，手中托物已失。结跏趺坐于莲台上，莲台上仰下覆，中束腰，莲瓣修长，台边为连珠纹。菩萨裙前台座上有楷书刻款："大明永乐年施"。

鎏金宗喀巴铜像

明　高93厘米　宽62厘米

宗喀巴头戴尖顶帷帽，耳旁有垂带，身着天衣，袒右臂，结跏趺坐，手拈莲花，做转法轮印（说法印），微颔首，面相庄严，长眉细目，高鼻，目白彩，黑彩点睛，口涂红彩，线刻衣襟，莲台为上仰下覆中束腰型，莲瓣肥硕。

后记

几经努力，《中国少数民族文物图典·甘肃省博物馆卷》终于付梓。本书收录了甘肃省博物馆最具特色、最能代表甘肃地域文化的文物精品，以彰显甘肃深厚的文化底蕴和博大精深的文化内涵。

在本书编辑过程中，得到了众多领导、专家和同行的关心支持。本书主编，甘肃省文化厅副厅长、甘肃省博物馆馆长俄军先生，在工作非常繁忙的情况下多次关心本书编辑的进展，并亲自作序，我们非常感动。本书文物的鉴选与器物描述由历史部的工作人员王勇、程丽君、孙玮、徐琳、徐缨、焦桂彩、米毅、杨杰、廖元坤等同仁承担，他们逐一核实所选文物，以科学严谨的态度查找资料并完成了每一件文物的辞条。信息资料中心的高蓊生女士提供了书中每一件文物的照片，对缺失照片或达不到出版要求的文物照片，她又进行了专门的拍摄，以使书稿最终得以顺利完成。在此，一并表示由衷的感谢!

我们还要感谢辽宁民族出版社的大力支持和帮助。

在结集出版之时，由于编者水平有限，不足与偏颇在所难免，恳请谅解，谨此致歉!

编　者

2016年5月